日本人の生死観

―日本文化の根源を求めて―

新保　哲　著

大学教育出版

はしがき

人間において、必ず誰かれを問わず、例外なくすべての者に死が平等に訪れて来る。そして死とは、愛する者同志、親子兄弟をはじめ親族血縁関係者、そして入魂の特別の間柄であった者にあっては、最も恋しくいとおしいものであり、もう顔を見たくとも見られず、逢いたくとも二度と決して逢うことのできない永遠の別れを意味する。人間の死とはもとより厳粛なものである。

さて、死体を火葬場で焼けば、その時五体はたちまちのうちに解体消滅し、存在者の四元素である地（灰と化す）、水、火、風（空気）と化する。なぜなら肉体は自然界にある元素の結合によって作られ、その構成要素で仮に成り立っている個体的肉体が、分解分離すれば、元の元素に還るからである。仮に霊魂も元素から成っているとした――古代ギリシャの哲学者ヘラクレイトスは、謎めいた意味深長な含蓄ある言葉で、一説には死後に刑罰があることを警告していたといわれているが、「魂も水から蒸発する」とか、「魂にとって水となることは死、また水にとって土となることは死、しかし土から水が生まれ、水から魂が生まれる」、また「われわれのうちにある生と死、覚醒と睡眠、若年と老年などの有様は、いずれも同じものだ。このものが転化してかのものとなり、かのものが転化し、そのものとなるからだ」と、生物が死んで別なものに生まれ変わる過程を永久に繰り返す輪廻転生思想をほのめかして語る——場合、常識的には霊魂の存在は否定される。しかし宗教の世界においては、霊魂は本来的に不生不滅の謂れが含まれ解釈されてきた。そこに未解決の永遠の課題が立ちふさがって、行く者を不安な心へと駆り立てるのである。権威ある者がそれは煩悩から生ずる盲想・煩見だと口をすっぱくして説き諭してみても、凡人には如何とも理解の仕方がない。

そこでこの死の歴然たる事実に目を見開き、真剣になって如何に対応し、安心立命して死に際にまで目をそらさず立ち向かって行けるか。そこが禅家でいう「仏家一大事の因縁」であり、自分の人生にとって最も重大で真面目な問題である。したがって、死に場を求め、安住の天国、極楽・浄土の国、不死の国に期待を抱き・救いを希願し、固く信じ、本当に心より身心ともに満足して死に切れるか。つまりこの世に未練なく死後往生が頼れるかは、究極のところは己が自私の心がけ、心構えの問題であるといえよう。それは広い意味では、端的に菩提心・宗教心の問題に帰するのである。死は早かれ遅かれ、待ったなしでいずれは向こうから必ず突如としやって来る。だから若いからまだ先の話だとか、やり残したことがあるとか、そのうち歳を取ったら考えようだとか、と他人事の問題のように無関心に悠長にかまえ、遠観視できるものではない。考えてみれば、それは緊急な一大事の問題である。

周知の如く、日本中世の南北朝の動乱期に生きた遁世者、文芸人（歌人）として著名な吉田兼好法師が、『徒然草』でいみじくも肺腑を衝く言葉で鋭く説いているように、死は何時、突然として準備や予告予知もまったくなく来るものである。否、すでに人間としてこの世に誕生すると同時に、死の足音は刻々と知らず知らずのうちに迫って、常に進行しつつ人の背後に来ているのだ。

そういう意味で、宗教は本来的に自己自身が対決すべき問題であり、己れが最終的に決着を付けねばならない切実な、解答のあってない難問課題である。決して半知半解で満足すべき性格のものではないのである。しかし、心構えによっては、生活の根底から充実した生き甲斐を与えるばかりか、実に晴れ晴れとした青空に一点の雲すらなき爽快感、満足感を心の奥深くに与え続けるものであるといえよう。

別の角度から言い換えれば、宗教とは科学が如何に高度かつ精確精密無比に進歩発達を遂げ、医療技術が進み、遺伝子組み換えが可能になり、劣性遺伝が予防・改善され、またガンやエイズが治療で完治できるようになっても、そして人間生活が快適になり便利なものになったとしても、人間そのものに喜怒哀楽や愛憎の感情がある限り、明らかに生死の恐怖から逃れることはできない。そうであってみると、その生死の大疑団とその解決に向かって最大課題目標とする宗教における、人類の魂の救済の意義は、増すことはあれ、決して消え去ったり弱められたりするというものではないことが分かる。

そういう基本的考え方の視点からいえば、われわれは受身的な特定の信仰的立場に固守したり関わったりするというのではなく、また文化諸現象の一側面としての世界の諸宗教の基礎的な概念知識や諸学説を得ることを目的とするのでなく、その宗教者の諸説や先達の考え方や生き様の中から、自分の気持ちに一番しっくりピッタリと身に合う、いわば疑いなく心より信じられる救いへと導いてくれそうな宗教を主体的に選択するとよい。要は、それを自己に証し、自己訓練・修養し、人格・人間形成を敢えて試み、そうして二度とありえないこの貴い生命の火を、最大限に思う存分、自分が納得のいく形で燃焼し尽くすことである。まさに、そこに人生の醍醐味がある。そしてそこに自己の問題意識と責任が存在するとともに、おのずと自然に宗教の本質と役割に関わってくるのである。

親鸞聖人は、ライフワークの『教行信証』の序で、いみじくも「まうあひがたくしていまあふことをえたり、ききがたくしてすでにきくことをえたり」と「今」、「既に」得たことの喜びを率直に披瀝、告白している。そこに至り着くまでのつらく厳しい長夜歳月を想うとき、氷雪が解けて大地の底から真黒い土をのぞかせ、もうじき春がやって来る兆しを察知した、われわれにもあるあの幼少時の驚きと感動へと還っていく。思うに、春の到来とともに生命萌えいずる喜びの讃歌の気持ちに近いものがあったに違いないと想像する。そこには生命の尊さ、かけがえのない命がある。そしてできるなら輪廻転生して再び人間に生まれ、素朴な考えとして、永劫回帰を心の底に願っているのではないのか。

そこで、最終的には霊魂の存在に期待、希望、夢を持って、生死観について、この際一度、本腰をいれ、日本人の先達が苦闘の末辿り着いた教えに導かれ、じっくり自分なりに「生死」についての解答案を考えてみては如何であろうか。そのためには本書は欠かせない必読書となろう。なぜなら本書には、歌人、茶人、禅者、念仏者、随筆家、武士、民俗学者、俳人、そして真言密教者というように、各界のそれぞれの道を極めた人たちの「生死観」が、一書にまとめ上げられ提示されているからである。したがって、生死観について真剣に考えてみようとする読者諸賢者においては、道案内役として大変便利なものとなるし、また、本書から納得満足のいく自分に合った考えを見つけ出し、心の支えとなる目標を決められたら、私にとって願ってもない望外の喜びである。

なお、私の友人の優れた論文を敢えて紹介したく、本人から快く承諾を得て掲載させてもらった。第一章執筆の上智大学教授・西澤美仁先生、ならびに第四章執筆の帝塚山学院大学非常勤講師・和田真二先生にはここに感謝とお礼を申し上げたい。

最後になったが、本書の公刊を快く引き受けてくれた、長年の知り合いである大学教育出版の佐藤守社長には特に心より謝意を申し上げたい。

二〇〇九年二月一日

新保　哲

日本人の生死観——日本文化の根源を求めて——

目次

日本人の生死観——日本文化の根源を求めて——

第一章 西行和歌の生死観

1

「生と死」について考えることは難しい。それは何も西行和歌に限ったことではなく、和歌における「生と死」を考察しようとすれば、そこにはいくつもの困難があって、和歌関係の事典類を繙いても、「生と死」はおろか「生」も「死」も項目に見いだすことはできないことからもそれは分かる。和歌の中で、「生」は賀歌として、「死」は哀傷として詠み継がれてはきたが、和歌表現としての「死」はむしろ、恋歌に多用された。試みに「新編国歌大観CD」の語彙検索で「死」を調べてみると、和歌本文では『万葉集』が他を圧倒する。仮名表記についてまでは調べてみる余裕はないが、『古今集』以降の和歌文学において、「死」（という漢字表記に限定するつもりはないが、ひとまずはこの方法ではそれしか確定できない）は避けられてきた、と言っていいかもしれない。詠まれてはきたが、考えられてはこなかったというべきか。あるいは、和歌的ではないと見なされてきたよう

2

である。そうした、「かもしれない」というべきか、「ようである」と重ねて言うしかないファジーな状況が、何よりの困難の一つである。

ともあれ、西行和歌の「死」の用例の確認から始めたい。『山家《さんか》集』を開いて、巻頭から読み進めていくと、真っ先に出合う「死」の歌は、

願くは花の下にて春死なん　その二月の望月のころ

である。というより、春夏秋冬を扱う六百首に近い内で、ここにだけ「死」が登場する。「二月の望月」にほぼ合致する二月十六日に西行が死を迎えた、という知らせを聞いた俊成・定家をはじめ都の歌人たちは、この歌がそのまま実体化されたことにまずは驚いた。

円位ひじり歌共を伊勢内宮の歌合とて判うけ侍りし後、又同外宮の歌合とて、思ふ心あり、新少将にかならず判してと申しければ、しるしつけて侍りけるほどに、其年（去年文治五年）河内ひろかはといふ山寺にてわづらふことありと聞きていそぎつかはしたりしかば、かぎりなくよろこび、つかはして後すこしよろしとて、年のはて比京にのぼりたりと申ししほどに、二月十六日になんかくれ侍りける、彼上人先年にさくらの歌おほくよみける中

ねがはくは花のしたにて春しなん　其二月の望月のころ

かくよみたりしををかしく見給へしほどに、つひにきさらぎの十六日望の日をはりとげけることいと

あはれにありがたくおぼえて物にかきつけ侍る
ねがひおきし花のしたにてをはりけり　はちすの上もたがはざるらん　（長秋詠藻）
建久元年二月十六日、西行上人身まかりにけるを、をはりみだれざりけるよしききて、三位中将のもとへ
もち月の比はたがはぬ空なれど　きえけむ雲の行へかなしな
上人先年詠云
ねがはくは花のしたにて春しなん　そのきさらぎのもち月のころ
今年十六日望日也
返し　　三位中将
紫の色ときくにぞなぐさむる　きえけん雲はかなしけれども　（拾遺愚草）
文治六年二月十六日未時、円位上人入滅臨終などまことにめでたく存生にふるまひおもはれたりしに更にたがはず、世のすゑに有りがたきよしなん申しあひけり、其後よみおきたりし歌ども思ひつづけて寂蓮入道の許へ申し侍りし
君しるやそのきさらぎといひおきて　ことばにおへる人の後の世
風になびくふじのけぶりにたぐひにし　人の行へは空にしられて
ちはやぶる神にたむくるもしほ草　かきあつめつつみるぞかなしき
これは
ねがはくは花の下にてわれしなん　そのきさらぎのもち月のころ

とよみおきて其にたがはぬ事を世にもあはれがりけり、又、

風になびくふじのけぶりの空にきえて　行へもしらぬわが思ひかな

もこの二三年の程によみたり、これぞわが第一の自嘆歌と申しし事を思ふなるべし、又諸社十二巻の歌合…（以下略）　（拾玉集）

西行法師まかりにけるつぎの年、定家朝臣のもとにつかはしける

こぞのけふはなのしたにてつゆきえし　人のなごりのはてぞかなしき

返し

花のしたのしづくにきえし春はきて　あはれむかしにふりまさる人　（秋篠月清集）

長く引きすぎたが、ポイントは三つ。彼らはみな往生人の証言者になりたがっていること。往生は証言されることを必要としていた。第二に、「花のした」という特異な表現にこぞって注目していること。そして、慈円の「ことばにおへる」の一言がすべてを語り尽くしていること、である。

和歌が実体化されていることに驚いたのは、当時すでに和歌が詩の言葉としての力を失っていたからではなかった。桜の花や月への愛着を、和歌的にではなく、往生への願望、讃仏乗の縁に結び付けようなどという、なんとも散文的な、狂言綺語観などという思想が、こともあろうに詩の形を取って定着していたからである。極めて自然に、しかしそれ以上に極めて強引に、自身の「死」が実体化の証明に用いられたからでもある。

極めて自然に、というのは、その調べの流麗さを指したのではない。「願くは」は願文にも用いられる漢文訓読体表現で、すっかり馴染み親しまれた和歌ではあるが、そんな散文的な語句から切り出される調べに、流麗さなど求めようもないのである。『山家集』を通し読みすると、この歌に至るまで、

吉野山梢の花を見し日より　心は身にもそはず成にき
あくがるゝ心はさても山桜　散りなん後や身に帰るべき花見ればそのいはれとはなけれども　心の内ぞ苦しかりける
花に染む心のいかで残りけん　捨て果てきと思ふ我身に

といった、花を見る苦しみが繰り返し詠われ、その極まりとして、「花の下にて春死なん」という「死」が選ばれていく、という流れは、ある意味では極めて自然に見える。花への憧れはまさに死に至る病なのであって、花の季節はまさに死の季節であった、ということだろうか。花曇りの視界の彼方に、西行は死を見ていた、ということにはなる。

もっとも、桜花に埋められるような花の死への幻想は、『山家集』ですぐ続く、

仏には桜の花を奉れ　我後の世を人弔はば

にむしろ明言されていて、この歌が踏まえたと指摘されることの多い遍昭の歌への意識からも読み取れる。遍昭の

やよひばかりの花のさかりに、みちまかりけるに　　僧正遍昭
折りつればたぶさにけがるたてながら　みよの仏に花たてまつる　（後撰・春下一二三）

は、山吹と藤の歌群の境にあって「やよひばかりの花のさかり」は桜と断定できず、家集に立ち返って、

二月ばかりみちをまかるとて
をりつればたぶさにけがるたてながら　みよのほとけに花たてまつる　（遍昭集・春三）

でも、桜の歌群の冒頭に配されるものの、「二月ばかり」ではやはり桜と断定できまい。そもそも二月の花なのか三月の花なのか、それさえはっきりしない。そうした心許なさのような思いを反映してか、「桜の花を奉れ」と明言する。「仏」も「三世の仏」（過去・現在・未来の一切の仏たち）ではなく、「我後の世」とわざわざ言い換えることで強調する。「ほとけに花たてまつる」という行為は遍昭から受け継いでも、むしろ自らが仏となって「花たてまつ」られる側に立ちたい、という意識は、単に「花への憧憬」では言い尽くせないものがあり、「花の死への憧憬」と

でも言うべきものであろう。これもよく引き合いに出される『源氏物語』御法巻の紫の上の匂宮への遺言、

大人になり給ひなば、こゝに住み給ひて、この対の前なる紅梅と桜とは花のおり〳〵に心とゞめてもて遊び給へ。さるべからむおりは仏にもたてまつり給へ。

にむしろ近いが、決定的な違いは、死の場面を扱った『源氏物語』では、死から花が連想されている（桜によって形象された紫の上の「生」が回顧されている、といった方がより正確であろうが）のに対し、西行和歌はあくまでも春の歌であって、誰の死からでもなく、逆に花から死が連想される。花の季節は死の季節、という連想回路を持っていることである。

しかし、「願はくは」の歌の衝撃的な核心は実はここにはない。「春死なん」はもちろん自らの「死」をいうのであるが、この歌は、花に埋まって死にたい、花の季節は死の匂いがする、にとどまってはいない。花の死は釈迦の死である、という発想に届いているのである。和歌的な表現である「花のもと」を嫌って、「花のした」を選択した西行（西行和歌と限定しておくべきか）の表現意図を思うべきである（拙稿「花のもとにて春死なん―西行和歌の本文と伝承―」説話・伝承学七、一九九九参照）。贅言すれば、死にたくなるほど美しい春景を描くのが目的ではなく、その春景の中でほんとうに死にたくなる、それも釈迦の死を死にたくなることが大切なのであって、「宗教的荘厳の世界」

をこんな風に詠んだ歌は、西行以前にはなかったはずである。

待賢門院の女房堀川の局のもとより言ひ送られける
この世にて語らひ置かん時鳥　死出の山路の導ともなれ
返し
時鳥泣く〳〵こそは語らはめ　死出の山路に君しかからば

次に出合う「死」は「死出の山」である。『古今集』以来、恋歌に用いられてきたこの表現は、平田英夫「『死出の山』を越えて行く人たち—西行の歌のことばと宗教活動—」（藤女子大学国文学雑誌七〇、二〇〇四）によれば、「浄土思想の死生観が介入」することで、女人救済と深く関わる表現になったという。西行和歌は十二例（待賢門院堀河の一首を含む）という抜群の用例数（和泉式部の四例、能因・慈円らの三例がそれに続くか）に愛用ぶりが見られるが、そこから「救済者の側からの表現」であることが読み取れるという。

ところで、西行和歌には恋死そのものがない。「死」の語は含まないが、

なにゆゑか今日まで物を思はまし　命に代へて逢ふ世なりせば

はわずかな例外というべきであるが、この歌は『治承三十六人歌合』と『言葉集』とに、作者を

「平経盛」として入集する（犬井善寿「『山家集』所載西行歌一首存疑―『治承三十六人歌合』所収平経盛詠との関連において―」（文芸言語研究（文芸篇）六・七、一九八一～八二）参照）。『山家集』にありながら西行和歌ではない可能性が問題にされる一例である。すなわち、西行和歌では「恋」は「死」と隣り合わせない。いやむしろここでは、「死」は「恋」と隣り合わせない、というべきか。『山家集』恋部は次の二首で締めくくられることになる。

あはれ〳〵この世はよしやさもあらばあれ　来ん世もかくや苦しかるべき
頼もしな宵暁の鐘の音に　物思ふ罪は尽きざらめやは

恋の苦しみは死に至ることはない。その分、出家者である生身に返って、その苦しみは倍加される。恋の苦しみは「物思ふ罪」と認識されて、鐘の音とともに仏の前に消滅することが期待されている。すべては心中に生じた自作自演のドラマに過ぎなかったかのように。

白峯と申所に御墓の侍けるにまゐりて
よしや君昔の玉の床とても　かゝらん後は何にかはせん

仁安二（一一六七）年冬、配流先の讃岐に崩御した崇徳院を、三年余りの歳月を経た後に、西行は墓参する。その直前に配された二首は、行宮があったという松山で詠まれた。

讃岐に詣でて松山と申所に院おはしましけん御跡尋ければ、形もなかりければ

松山の浪に流れて浦舟の　やがてむなしく成にけるかな

松山の浪の気色は変らじを　形なく君はなりましにけり

詞書と和歌本文との関わり方が注意される。詞書では行宮の消滅に衝撃を受け、和歌は崇徳院自身の死を嘆く。松山にあったはずの行宮が跡形もなくなっていることを確認して初めて、西行は崇徳院の死を紛れもないものとして明確に感じ取っている。あるいはその行宮について、伝聞以上の知見を得ていた可能性もあり、またそこに行けばお会いできるのではないか、という期待感が、ここで一気に崩壊していくのが目に見えるようである。讃岐に配流された後の崇徳院を、西行は次の歌で見舞ったこともあった。

ながらへてつひに住むべき都かは　この世はよしやとてもかくても

この歌について、『和歌文学大系』では「どんなに長生きしても永久に都に住むことなどできないのですから、現世はどうでもいいじゃありませんか。それより来世の幸福をお祈り下さい」と解釈した。それに対し、中山希久子「此世はよしやとてもかくても—蟬丸と西行、崇徳院—」(『平安文学場と表現』二〇〇七)はそれよりさらに蟬丸・西行寄りに読む。

世中はとてもかくてもおなじこと　みやもわらやもはてしなければ
かずならぬ身をなにゆゑに恨みけん　とてもかくてもすぐしけるよを

これを踏まえて「崇徳院の現在の姿を肯定しようとした」、敗残・配流の現実をあるがままに受け入れて「連帯を図」ろうとした歌であるという。上句「ながらへてつひに住むべき都かは」の口吻は、やはり現世と来世との価値観の相違を明示するもののようにも見えるが、一方、怨霊騒ぎがすでに出来していたかどうかはともかくとして、「昔の玉の床」という王権への未練は、「かゝらん後」すなわち死に至るまでいかなる説得・慰藉にも応じなかったことを如実に語っているようにも見える。

「昔の玉の床」は、荒木優也「崇徳院鎮魂の和歌―西行白峰詠と崇徳院『久安百首』との関係―」(和歌文学会口頭発表二〇〇七)によれば、直接的には崇徳院御製、

松がねの枕もなにかあだならむ　玉のゆかとてつねのとこかは

などによりつつも、最終的には『大集経』の

妻子珍宝及王位　臨命終時不随者　唯戒及施不放逸　今世後世為伴侶

に依拠することになるという。崇徳院に対する鎮魂歌集の性格を帯びる（拙稿「山家集の成立」『論集中世の文学（韻文編）』一九九四）『山家集』にとって、最も重要な場面である。このあと、善通寺や曼陀羅寺に弘法大師の聖跡を巡礼しても、児島・日比・渋川・真鍋と巡回して罪への思いをめぐらしても、そこをどんな順でいつ旅し、いつ歌に詠んだかに関わりなく、すべては崇徳院への鎮魂に収斂する仕組みを歌集は担っていたと思われる。

仏法の前に、あるいは死という絶対的なものの前には、王法・王権も相対化されざるをえない、と言うが、やがて西行は東大寺再建の勧進の旅に発つことになるのであって、仏法によって王法を支えることにも荷担するのである。もっとも両者は矛盾しないというのがある意味では仏教の論理であって、『山家集』はその最終段階において、久保田淳「西行の人と作品—その古への憧憬の意味するもの—」（久保田淳著作選集一『西行』二〇〇四）が示唆するように、崇徳院への同情に限られない、保元の乱で敵対した後白河院をも含めた皇室というものそのものへの尊崇に主題的意識を大きく展開していくことになるのである。なお、拙稿「西行の神と神話—真国・天野・松尾・伊勢—」（『英・独・仏・国文学における神話・聖書の受容と変容』二〇〇五）にもわずかながら言及した。

近時、近本謙介「巡る人西行の視界」（仏教文学会口頭発表二〇〇七）が、西行和歌・西行説話に鳥羽院との関わりが執拗に語られることに注目する。出家後も「鳥羽院の北面の武士」であることを引きずり続けたことは、『井蛙抄』の文覚を訪ねる説話にも「たてだてし」と評される『古今著聞集』の説話からも、説話伝承の世界における西行には顕著であって、小林健二「御伽草子『鉢かづき』諸本における本文の流動と固定――宰相の乳母と嫁比べの進言者をめぐって――」（国学院雑誌一〇八、七、二〇〇七）が指摘するように、慶應義塾大学図書館本『鉢かづき』は、『源平盛衰記』の西行出家譚を受けて、西行を「鳥羽院にめしつかはれし輩」と呼んだりするが、西行和歌の出発点が英雄『西行伝承の世界』一九九六にいう「実西行」にも同様に認められれば、皇室への尊崇の出発点が（花部確認される可能性が出てきて興味深い。

一院隠れさせおはしまして、やがて御所へ渡しまゐらせける夜、高野より出合て参たりける、いと悲しかりけり、此後おはしますべき所御覧じ初めけるそのかみの御供に、右大臣実能、大納言と申ける、候はれけり、忍ばせおはしますことにて、又人候はざりけり、其折の御供に候ひけることの思ひ出られて、折しも今夜に参りあひたる、昔今の事思ひ続けられてよみける

今夜こそ思ひ知らるれ浅からぬ　君に契りの有身成けり

「一院」鳥羽院が崩御した、いわゆる保元の乱前夜に、徳大寺実能に従って鳥羽院墓所安楽寿院を検分した日を思い出した一首である。この数日後には、

世の中に大事出で来て、新院あらぬさまにならせおはしまして、御髪おろして、仁和寺の北院におはしましけるにまゐりて、兼賢阿闍梨出で合ひたり、月明くてよみける

かゝる世に影も変らず澄む月を　見る我身さへ恨めしき哉

と詠むことになるわが運命を、恨めしく感じるまでに、鳥羽院、あるいは鳥羽院の死の存在は大きかったと言わねばならない。雨を禁獄する白河院説話も落花の歌群に見られはするが、『山家集』あるいは西行和歌にとって、鳥羽天皇の死の意味は重い。和歌を以て崇徳天皇を鎮魂しようという意識も、そもそもがここに原点があったのかもしれない。

素描にすぎないが、西行和歌の生死がかくも仏教論理の中にあることを見てきた。

第二章

道元の生死観

日本人の主体的意識を追究する場合、どうしても生死の問題を無視し、通り抜けて考えるわけにはいかない。『正法眼蔵《しょうぼうげんぞう》』九十五巻の中から取って編集した『修証義《しゅしょうぎ》』の第一章総序では、この書全体の説く究極の目的を、次のように道元は謳っている。

生を明らめ死を明むるは仏家《ぶっけ》一大事《いちだいじ》の因縁《いんねん》なり、生死《しょうじ》の中に仏あれば生死なし、但生死即ち涅槃《ねはん》と心得て、生死として厭《いと》ふべきもなく、涅槃として欣《ねご》ふべきもなし、是時《このとき》初めて生死を離るる分あり、唯一大事《ただいちだいじ》因縁《いんねん》と究尽《きゅうじん》すべし。

ここでは、生とは何か、死とは何か。どのように生きていくべきか。そうした課題を明らかにすることは仏教者として最も重要なことである。そうした根本的な立場に立って、道元は「生死《しょうじ》」

の巻を展開しているのである。このことは道元ひとりだけの問題ではなく、仏教そのものを志し追究する際、必ず突き当たる最も深刻かつ重大な課題である。

しかし翻って考えると、誰でもが日々に死の恐怖におののき、心のどこか片隅で、絶望的な叫びを上げているわれわれ一人ひとりにとって、この死に対する恐れを如何にして克服するか、それが緊急の問題である。そうした死に対する恐れの心は誰にでもあり、深刻に考えればわれわれは無底の淵に立っていると言うことができよう。それは確かに暗黒と沈黙の想像を絶する黄泉の世界であり、冷静に客観的にみて、死して帰還した者一人とて無いのが死であって、それは確実にいずれの日にかは自分にもやって来ることである。誰一人として死から逃れられない。例外はないのである。やはり死が厳然として在りうることを考えるとき、どんな強がりを言ってみても、現実問題として、死がすべてを帳消しにし吹き消してしまう気がする。肉体が滅してしまえば、それと同時に精神も魂も存在しなくなると考えるのが本当のような気がする。霊魂の存続は、あくまで人間の希望的観測であり、想像でしかない。常識的にいって、主体的自覚があればあるほど、それに比例して死の恐怖も強烈にあるはずである。それゆえに道元は、時の貴重さを切実に訴え、この而今の自己を、仏が与えた御命《おんいのち》として受け止め、仏道の真理を求めて真剣勝負に生き抜いたのである。

そうした、日本の生んだ天才的宗教者道元の把握した「生死」観は、実にすばらしいものがある。これは世界の人々、万人に向かって説いた万人のための救済、安心立命の聖典だと私は捉える。かつ、現実的実践的なアプローチで徹底的に追究されている。本章は、もともとから、日本人の主体性を目標・課題に掲げ追究してきたのであるが、「生死」の巻に触れずして、主体性の神髄は到底理解されてこないように思われる。つまり、そうした問題は主体者の生き方に関わるものであり、密接に根本的本質的な所で絡んでいるからである。

さて、この第九十二巻の「生死」の巻は「生死の中に仏あれば、生死なし」「生死の中に仏なければ、生死にまどはず」という、夾山《かっさん》善会・定山《じょうざん》神英の言葉を引いている。この箇所では、人間の生死そのものが真理の実現であり、真理のほかに別に生死があるわけでなく、また、生死がそのまま真理であるから、生死に迷い執着する何ものもないということが説かれているのである。

この巻は、『正法眼蔵』諸巻の内で一番に短いもので、全編引用文を用いずに、極めて分かりやすい和文で書かれている点にも注目すべきである。そこでは、最後に「仏となるにいとやすきみちあり。もろもろの悪をつくらず、生死に著するこころなく、一切衆生のために、あはれみふかくして、かみをうやまひ、しもをあはれみ、よろづをいとふこころなく、ねがふこころなく、心におもふことなく、うれふことなき、これを仏となづく。またほかにたづぬることなかれ」と著わされている。ここでの「いとやすきみち」とは一体何を意味するのか。しばしば道元の仏法は、他力易行と呼ばれる浄土門に対して、自力難行道とも呼ばれる。確かにその証拠に、道元自身も、『学道用《がくどうよう》心集《じんしゅう》』で「好道《こうどう》の士は、易行《いぎょう》に志すことなかれ。若し易行を求めば、定《さだ》んで実地に達せじ、必ず宝所に到らざらん者歟《か》」(仏道を特別に選んで学ぼうとするお方は、易行に志してはなりません。もし易行を求めると、絶対に真実のところに到達しないでしょう。決して宝所といわれる仏境界に至ることはないでしょう)と記しおきしている。

また、同巻の中で「今人云く、行じ易き行を行ずべしと。此の言尤《もつと》も非なり、太《はなは》だ仏道に合《かな》はず」と説き、さらに「易きを好む人は、自ら知りぬ、道器に非ざることを」と、まさに参禅にあたって心得るべき態度を説き示している。またさらに「有所得の心を用て仏法修行をすべからざること」として、「行者、自身の為に仏法を修すと念ふべからず、名利の為に仏法を修すべからず、果法を得んが為に仏法を修すべからず、霊験を得んが為に仏法を修すべからず。但仏法の為に仏法を修する。及ち是れ道なり」と記している。言い換えれば、そのことの謂は、生死にせよ涅槃(すなわち無生死)にせよ、「よろづをいとふこころなく、ねがふこころなく」「しとうことなく、したふことなき、このときはじめて、仏のこころにいる」と言われる。「いとふ」とは「いとひすてんとす」ることであり、いわゆる厭離《おんり》を意味する。「したふ」とは「ねがふ」と同義であり、仏教的解釈に従えば、物事に執着する心であり行為であることを意味する。そして執着と厭離とは人間の心、つまり意欲の根本的態度であるのである。概念的に整理して言及すれば、肯定と否定、有ると無いということも、執着と厭離という人間的意欲の根本的態度につながっているといえよう。生死ということも、普通に生を願い死を厭うという、あたりまえの人間の感情の意欲につながっている。そうした意欲の根本的態度を「いとふことなく、したふことなき」として裁断せよ、と道元は教えるのである。

それでは具体的に、この両頭は、一体どのようにしたならば裁断されうるのであろうか。結局、意欲・意志の根本的態度を断ち切ろうと欲しても、それは、それ自身が一つの意識となってしまうのである。そこで肯定と否定との両方を否定（絶対否定）といっても、それはそれだけでは言葉の上での観念的否定だけになってしまう恐れがある。それゆえ、道元は、次のように教える。すなわち「ただし心をもてはかることなかれ、ことばもていふことなかれ」と。したがって、それらをもってしては意欲の根本的態度は断ち切られない。そのように道元は説いた上で、一つの可能な態度を提示するのである。

すなわち、「ただわが身をも心をも、はなちわすれて、仏のいへになげいれて、仏のかたよりおこなはれて、これにしたがひもてゆくとき、ちからをもいれず、こころをもつひやさずして、生死をはなれ仏となる。たれの人か、こころにとどこほるべき」と述べている。このことは、自力がそのまま他力になることを暗示している。つまり「仏のいへになげいれて、仏のかたよりおこなはれて、これにしたがひもてゆくとき」という言句は、自分の身心をまったく仏の家に放下し、仏に任せて、仏の方から行われることに随順していくことと理解されるのである。そうすれば、行き着くところは「生死の迷い」から離れ、「仏となる」（臨済禅では〈自己本来の真面目に還る〉と言うべきか）

ことができるというのである。

一方、浄土真宗での本願他力思想においては、確かに「仏となる」という表現は窺われない。死後往生、または現世往生が決定しても、それが信心堅固《しんじんけんご》、不退《ふたい》の位に就くことは説き、さらに仏の位に定まる（正定聚《しょうじょうじゅ》の位に定まる）とは著わすが、「仏となる」とはいわないところに、日本人の主体的自覚認識の捉え方の明瞭な相違が窺えるのである。つまり、主体者である自己自身が「仏となる」ことと「仏の位に就く」ことは、本質的理解に違いが見られる。

道元における坐禅とは、究極地は身心脱落《しんじんだつらく》を目指すものである。つまり身心脱落底の世界においては、すでに自己は仏となっているのであり、涅槃寂静《ねはんじゃくじょう》とはそういう仏の住家を意味している。道元が中国に留学（入宋）し、日本に帰って第一番目に、あまねく人々に勧める坐禅の仕方とその意義を説いた『普勧坐禅儀《ふかんざぜんぎ》』（一二二七）には、端的に「所以に須らく尋言遂語の解行を休すべし、須らく回光返照の退歩を学すべし。身心自然に脱落し、本来の面目現前せん。恁麼《いんも》の事を得んと欲はば、急ぎ恁麼の事を務むべし」と論述している。その意図する意味は、何が何でも、言語の詮索から理解しようとするのを止めなさい。何が何でも、外に向かって者を追う心の働きの方向を変えて、自己の正体を照らし出す、坐禅修行をすべきである。そうすると、身心が自然に一切の束縛から解放され、本来の面目が現前します。このような真理を手に入れようと思うならば、一刻の猶予もなく、このような真実の修行を励み行うべきである、というのである。

第三章　兼好の生死観

中世鎌倉末期の隠遁者、歌人、随筆家というさまざまな顔を持つ人間通の魅力ある人物、吉田兼好法師の生死観について、彼の心の根底には如何なる問題の自覚・意識があったのか。そのことに関して考察し、明らかにしてみたい。

兼好には、仏道の修養を通介して、心の安心立命、常住平生の念を求める指向性の態度が窺われ、それは必ずしも宗派的色合いはみられない。たとえば、生死一番という一大事については、何よりもまず急ぎ心に掛けなければならない。願いごとを成就してから、暇を見いだして仏道修行をしようと思ったら、願いごとは果てるはずがない。そこであらゆる願いごとはみな妄想だと思い、直ちに一切を放擲《ほうてき》して、仏道修行に専念する時、何の邪魔もなく、何の所作もいらず、心身ともに長く落ち着きをえるというのである（『徒然草』第二百四十一段）。

兼好の仏道観の根底には、次のような死を間近に迎えようとする切迫した切実な精神的姿勢が窺い知られる。すなわちそれは第百三十七段にみえる。

兵の軍に出づるは、死に近きことを知りて、家をも忘れ、身をも忘れる。世を背ける草の庵には、閑に水石をもてあそびて、是を余所に聞くと思へるは、いとはかなし。しづかなる山の奥、無常のかたき競ひ来らざらんや。其死にのぞめる事、軍の陣に進めるに同じ。

（兵士が戦場へ出るときには死に近いことを知って、家をも忘れ、身をも忘れる。だが、世を遁れた草庵では、静かな山の奥へも、無常という敵が勢いこんでやって来ないことがあるものか。われわれが死に直面していることは、戦陣に進む兵士と変わりはないのだ。）

そして兼好の己を知るという自覚は、

かたち醜《みにく》けれども知らず、心の愚なるをも知らず、芸の拙《つたな》きをも知らず、身の数ならぬをも知らず、年の老いぬるをも知らず、行なふ道の至らざるをも知らず、身の上の非を知らねば、まして外の譏《そしり》を知らず（第百三十四段）。

（自分の顔がみにくくても知らず、心の愚かなのも知らず、芸のまずいのも知らず、身分のいやしいのも知らず、年をとってしまったのも知らず、病気に冒されるのも知らず、死の近づいていることも知らず、行う道の未熟なことも知らず、自分の欠点も知らない。）

という自己に対する非を認める積極的主体性への不在を、批判精神によって徹底的にあばきだしている。だから視点を第三者から自己自身へ向ければ、それは自信欠如ということにつながり、近世における我の自覚に重複する中世人兼好の日本を代表する知性の主体的自覚は、同時に人間一般に対する不確実性、不信感、盲目性を極端に指摘しているきらいが窺える。しかし人間の不知は禅語で説く不識とは異なり、人間の三毒（善根に害毒を与える三つの煩悩である貪《とん》・瞋《じん》・痴《ち》）を認め、その事実認識の上に立って、そのような迷いに捉われず、心の安定した快適な精神状態へ回帰することを兼好は目指しているからである。そういう意味では、ここでは単にその場その時の事物事象そして人間の対処の適切な在り方が定まっていないという感覚ではなく、いってみれば普遍性を目標・基準としたものである。言い換えると、それは中庸とか中道という抽象的概念規定により近いといえる。

　とはいえ、この段の末尾で「貪る事の止まざるは、命を終ふる大事、今ここに来れりと、確かに知らざればや」（第百三十四段。貪欲の心がやまないのは、命を終える大事である死が、目前に迫っていることを、はっきりと知らないからなのだ）、と兼好は警告を発する。そこでは人間は一人の例外なく皆死への存在（Das Sein zum Tode）として、常にその生が死と背中合わせになっていて、いつ何時突然に死が訪れて来るか知れない、とする死への自覚において、最も兼好の主張したかった意図が顕著に表れてくる。

そういう常にいつ到来するとも知れない死を予測して、一瞬一瞬を自己の全力投球で精一杯生きていくひたむきな姿勢態度は、やはり世俗・俗事に身を没せず、一歩退いて生・老・病・死という四苦から眼をはずさないからである。同時に、客観的な人間存在の根本苦のありさまに無理にそれを引き延ばしたり、逃避して忘却したりせず、自然態として諦観、容認し、そこに調和していくところの仏道修行観であると捉えられる。だから兼好が同段で「拙きを知らば、なんぞやがて退かざる。老いぬと知らばなんぞ閑に身をやすくせざる（自分の至らなさを知ったら、どうして、さっと身を引かないのか。年をとったと知ったら、どうして隠退して閑静を楽しまないのか）」と記述する如く、極めて消極的意見を語り、分に甘んじる中庸態度となって表現されてくる。ここには中国の老荘の自然観・人生観が窺い知れるという短絡的な解釈ではなく、中世日本人であり出家者の知性を代表する兼好法師の鋭い現象把握から内省観想を経て語り出されてくる、悟道者の言葉があると私は捉えたい。

また、仏道については、兼好の考え方の基調に一遍の説くように空也上人の系譜を受け継ぎ、「身心を放下」（『播州法語集』）「本来無一物」（同書）という思惟形式が脈打って流れ存在する。すなわち、それは一遍が「身命を山野に捨て、居住を風雲にまかせ、機縁に随って徒衆を領し給ふといへども、心に諸縁を遠離し、身に一塵をもたくはへず」（『一遍上人語録』）という生活に徹底した点に窺われるが、一遍が捨聖《すてひじり》と呼ばれたように、捨身核心を積極的に選びとることに表れている。つまり、「念仏の行者は智恵をも愚癡《ぐち》をもすて、善悪の境界をもすて、貴賤高下の道理をもすて、又諸宗の悟りをもすて、一切の事をすてて、念仏申す」と、念仏以外は一物に徹底する生活態度である。そこには死に対する超克の対処が明らかに窺える。

そしてそこには無常観の自覚が十分に意識されており、とりも直さず、だれかれを問わず何人も独りで死なねばならず、その歴然とした事実現象から免れえない死への実存的不安の概念を、一体どうすればそういう無常からの自己の脱却が可能であるのか、という死への対決の姿勢が色濃く噴出している。一遍においては、最小限度の衣服（網服など）以外は身に纏《まと》わず、捨身（仏道にはいること、僧となることの謂）思想を根本に据え、さらにそういった捨てる心をも放捨する体験によって、逆に彼は死を積極的に選びとった。一遍が死を覚悟し、死の問題を超えられたと同様に、他方、兼好にも頼る・願う気持を、自らが説く無常観の諦観とともに諦め切れ、捨て切れたことによって、そこには、過程は別として、極めて類似した日本人の精神構造に辿り着いたようにみられる。

また一方、『徒然草』（天徳二年（一三三〇））と同時代に誕生した『一言芳談《いちごんほうだん》』（天徳元年（一三二九））にも、「或上人同法を誡めて云く、『物なほしがり給ひそ。儲はやすくて、捨つるが大事なるに』と云云（ある坊さまが、修行仲間を戒めて言われたこと、『ものを欲しがりなさってはいかん。貯《た》めこむのはなんでもないが、捨てるということが一大事なのじゃ』）」と著わされているのは、当時流行した捨身思想と併せて、無一物に化して捨聖となることが、また一方でもてはやされ、尊く崇められ、価値を置かれたからであろう。

ところで、出家者兼好法師にとって、人の一生は七、八十歳も長い期間を必要としなかった。少なくとも兼好自身においてはそれがいえる。すなわち彼は第七段において、次のように語って自説を示している。

命ある者を見るに、人ばかり久しきはなし。かげろふの夕を待ち、夏の蟬の春秋をしらぬも有るぞかし。つくぐ〵と一年をくらすほどだにも、こよなうのどけしや。飽かず、惜しと思はば、千年を過すとも、一夜の夢の心地こそせめ。住み果てぬ世に、みにくき姿を待ちえて何かはせん。命長ければ辱多し。長くとも、四十にたらぬほどにて死なんこそ、めやすかるべけれ。

(いのちあるものを見渡して、およそ人間ほど寿命の長いものはない。かげろうなどは、夕方を待たないで死に、夏の蟬にしたって、春、秋を知らずに死んでしまうものだってあるじゃないか。これらにくらべれば、一年間、しみじみと暮らしてみるだけだって、しごく悠長なものだ。それだのに、充足ということを知らず、いくら生きのびても死ぬのが惜しいと思うなら、千年生きたって、一夜の夢みたいな、はかない思いだろう。どっちみち、いつまでも住み通すことのできない人生なのだ。みにくい姿になるまで生きのびたところで、なんになろうぞ。いのち長ければ、恥も多いのだ。長くても、四十にならないうちに死ぬのが、無難というものだろう。)

ここで兼好は、人生四十歳足らずを一個の人間の生涯の期間と定め、それを生・老・病・死の完結したライフサイクルと捉えている。さらにいえば、釈尊が生存した時代のインド人の理想的な人生航路の例を示せば、学生期《がくじょう》、家住期《かじゅう》、林棲期《りんせい》、遊行期《ゆぎょう》の四時期を完全に満たすことを意味している。

　それについては拙著『日本思想史論』（大東出版社、一九八〇年）の「第十一章・白隠の足跡と布教」の《Ⅱ　修行時代》において詳しく記述してあるが、改めて四時期について各段階の説明をしておこう。

　まず学生期とは、先生について勉強する時期である。つまり現代のわれわれに照らしていえば、小学校、中学校、高等学校、そして専門学校または短大、大学、さらには大学院で師について学習しあるいは研究する時期である。家住期とは、ひととおりの勉強が修了してから結婚し、子どもを養い、家長として務めを行い、しかも同時に社会的な責務を果たす時期である。林棲期とは、子どもも一人前に無事成長し、年をとってから、今までの世俗的な欲望から一切離れ、家を出て、森林の中で静かに瞑想して生活することである。遊行期とは、林棲期において、自分の死期の到来がだんだんと近づいてきたことを悟ったとき、諸国遊行の旅に上り、旅の途上で死ぬのを理想としたのである。

　以上であるが、もう一つここで補足付加をすれば次の点も忘れるわけにはいかない。当時のインド社会では、林棲期の出家のほかに、もう一つの出家の形態があった。それは必ずしも年齢に関係なく、哲学的思索に打ち込むことによって、人生ならびに宇宙の根本原理を究明しようとするグループがいた。一遍については、この四時期（住期）からいえば、林棲期と遊行期が混成されたものので、それは『播州法語集』に記録されている彼の活動期間に相当する。兼好においては、中年に及んで出家したとされる。この四時期からすれば、宮廷社会からの遁世として出家し、それが恐らく出家後に『徒然草』が執筆されたとして四十七、八歳頃に書き上げられたものであり、ちょうど、林棲期に相当している。一般に東西の宗教者の開祖となる師や聖人は自ら筆で書き留めないのが多いが、それからいうと一遍は純然たる古典的な宗教者のタイプを厳守しており、兼好は批評家の先達をいくという定着した見方はもとより、民衆の救済活動に身を挺して布教したわけではなく、知的啓蒙者として宗教随筆家の領域にとどまっていることは否めない。また西行法師や松尾芭蕉などは、その際立った活躍期間が、いずれも最晩年の遊行期に当てはまることなどから、日本人のライフスタイルにも幾つかの相違がみられる証左であろう。それは彼らの人生観・世界観、そして仏道観に基づく違いから生ずるものであると著者は考察したい。

さて、現代においては医療、予防、衛生や食事、その他のさまざまな健康管理によって、今や（二〇〇七年）女子は平均寿命八十六歳、男子は七十九歳を記録するほどに寿命が延び、女性は世界で最高位、男性はアイスランドに次いで二位を示している。兼好が人生四十歳を提唱した昔からみれば、そこには驚異のひらきがあり、月並みな表現ながら隔世の感がある。すなわち兼好の鎌倉末期の時代から六百七十年近くも経った二十一世紀を迎えた現代では、当時の寿命からおよそ二倍近くに延命しており、彼が人生四十歳足らずと述懐した数値は今では七、八十歳に当てはまる事実は間違いない。しかも昔の人も今の人もともに、一同に「寿福増長」、「寿福延長」を願わないものはいまい。しかし翻って考えると、現代のわれわれと当時の短命な寿命であったライフサイクルの一年における感覚、自覚、覚悟、そして人生行路の意味内容は、現代人の常識的感覚をもって推し量ってもまるっきり判断・予測がつかない世界であろう。恐らく、想像を絶しているといっても過言ではないだろう。確かに時代とともに文化の形式や内容さえも変容・変遷して、長期間には跡形・足跡すらなくなり、まったく違った民衆の常識感情になることは世の明らかな常である。つまり変わり換わるという無常は、まさに世間を見渡した場合、説明を要しない道理であろう。

しかし反面に見方を換え、宗教的救済に基準を置いて人生を真剣に短く太く生き詰めると覚悟した際、四十代はこの世に生命を与えられた猶予期間として十分なのではないだろうか。われわれはこれをタイムリミットとして満足すべきではなかろうか。それについては各個人において受け止め方は各人各様であり、人生の年限には変化の幅があろう。しかしそこに違いはあっても、人間の欲望はこれで満足したという限度・限界が人間の本性に照らして本質的にないのであるから、いくら延命がかなえられても際限がない。にもかかわらず、はるかに他の動物一般よりも寿命が長い人間でも、いつか遅かれ早かれ死を迎えなければならない。死から逃れうる者は誰一人もこの世にはいない。すなわち例外はないということである。これも運命といったらよいであろうか。

人生は確かに無常だから、何時不慮の事故に遭遇し一命を落とすということになるやも知れない。それは常に何時・何処にいてもありうることであり、またありえないことでもある。一番確実なのは、いつ死んでもこれで満足である、この世で見るべきものは見、聞くべきことは聞き、知るべきことは知り、考えるべきことは十分に考え尽くしたという自覚・覚悟の諦《あきら》（明ら）めることが問題となる。そこにいくと出家者兼好は法師としての宗教的感覚、情緒を十分に持ち合わせており、透脱した悟道の境界に辿り着いているといえるかと思う。まさに人生の達人といえよう。

悟道者としての兼好

兼好は、悟道者として取るべき態度を、次の文章で十二分に説き示しているように考えられる。

大事を思い立たん人は、去りがたく、心にかゝらん事の本意を遂げずして、さながら捨つべき也。「しばらく此事はてて」、「同じくはかの事沙汰しおきて」、「しか〱の事、人の嘲やあらん、行末難なくしたゝめまうけて」、「年来もあればこそあれ、其事待たん、ほどあらじ。物騒がしからぬやうに」など思はんには、えさらぬ事のみいとゞ重なりて、事の尽くる限もなく、思ひ立つ目もあるべからず。おほやう、人を見るに、少し心あるきは、皆此あらましにてぞ一期は過ぐめる。……命は人を待つ物かは。無常の来る事は、水火の攻むるよりも速に、のがれがたき物を、其時、老いたる親、いときなき子、君の恩、人の情、捨てがたしとて捨てざらんや。

（第五十九段。傍点著者附記、以下同様。仏道悟達という、人生の一大事を決意した人は、捨てがたく、気にかかることがあっても、それを仕遂げないで、そっくり放棄すべきである。「もうちょっと、このことがすんでから」とか、「同じことなら、あのことも始末をつけて」とか、「これこれのことは人に笑われるかもしれない。将来こまらないようにキチンとしておいて」とか、「これまで長年の間、こうしてすんできたのだ。ことの結末をつけるのにそれほど時間がかかることもなかろう。あわてずにやることだ」などと考えていたなら、やむをえないことばかりが、つぎつぎと重なってきて、俗事のなくなる限りもなく、かんじんの大事を思い立つときなどあろうはずがない。だいたい世間の人を見ると、少しもののわかっている程度のものは、みんなこの予定計画だけで、一生は過ぎてしまうようだ。……いのちは人を待ってはくれないのだ。死のやってくるのは、水火の攻めるよりも迅速で逃がれようはないのに、その時になって、年とった親、幼い子供、主君の恩、人の情、――これらがいかに捨てにくいからって、捨てないわけにはいくまいではないか。）

わたしはこの第五十九段の冒頭「仏道悟達という、人生の一大事を決意した人は、捨てがたく、気にかかることがあっても、それを仕遂げないで、そっくり放棄すべきである」という箇所は、唯《ゆい》円《えん》の著述となる『歎異抄《たんにしょう》』の一文「弥陀の光明にてらされまいらすがゆへに、一念發起するとき、金剛の信心をたまはりぬれば、すでに定聚のくらゐにをさめしめたまひて」に親鸞が説いた教えと内容的に関係があると考える。また「念仏まうさんとおもひたつこころのおこるとき、すなはち摂取不捨の利益にあづけしめたまふなり」という一文には、たとえば善根無力、罪悪有力の凡夫の自覚に徹して、如来の本願による絶対慈悲の救済を信ずる「信」によって支えられていることが分かる。ともあれ要は、人生に大疑団を感じ、また、人から念仏往生を勧められ、ふとその気になって称名念仏を唱えようと心から思い立ったときでも、そこにはすでに正定聚の不退転の位に就する、という浄土真宗の基本的解釈がある。そして兼好は浄土宗の開祖の法然の教えを引用する。そこではたとえ考えがまとまらず、気がかりなことがあったにしろ、途中でもそれらを疑いながらでも、とにかく念仏すれば往生する、と唱導する法然の法話が引用されている。その時、兼好は念仏行者の立場にいるということができるが、本来的にいって、兼好はある特定の宗門に属する職業的説教僧ではなく、あくまで日本文化の特質である重層性を持っていることが指摘できる。これは兼好自身に限ったことではなく、日本古代人の宗教観、自然観、道徳観から眺めても、そこには合理主義はなく、素朴な人間感情、自然感情、そして情緒的であり、この感覚主義的な傾向は日本思想史の発展においても依然として根幹的基調をなしている。つまり日本人にみられる現実肯定主義的な性格は、日本民族の基本的な性格であり、兼好もまたこの日本文化に負わされている重層性の運命から逃れることができなかった、中世の典型的な日本的知性人の一人であったといえよう。もしヨーロッパ近代資本主義の基礎となったような合理主義精神が日本人にあったとすれば、当然のことのように儒教・道教・仏教の如き外来思想を寛容な態度で受容させ、さらに日本的な独自な展開ということすらも起きなかったであろう。

以上のような論点を踏まえて兼好の遁世者としての生活態度や思想を捉えるとき、彼の一貫しない文章や矛盾的表現、またはイロニーの文章には、自由人としての出家僧であったという状況はもとより、変わらない日本人の思惟形式が脈打っているからであると考察される。

ともあれ、兼好法師は、具体的にこうして念仏を唱えよ、とか、また坐禅を組むことを勧めたり命言しないところに、彼の優柔不断な態度があり、一方で他人事に関すると細かく鋭いまでに論評する彼の批評家としての特色が読み取れる。同時に、そういうパターンでしか物事を捉えられなかった、兼好の視野の限界があったことも忘れてはなるまい。あくまで兼好は一介の批評家・評論家の枠の中だけで、主に無名な読者層に文字で仏道の世界へ進むべき重要性を説き明かし、かつ時折、彼の庵を訪ねて来る知人・友人・来客に出家を勧めたのである。

しかし、『徒然草』の全体から察して、果たしてどれほどまで熱心に隠遁者の法師兼好が、市井の人々に念仏布教を勧めたのかという問題については判然としない。推察する限りにおいて、これは不特定多数の読者層に文字を通して語りかけ導き教える形式を取りつつ、そのことが同時に逆に孤独なる隠者の自分自身にも語りかけ慰め、近隣在住の市井の人々に説く場合では、常識的に判断してまったく逆な説き方をしていることが窺える。しかし究極の行き着くところの教えは同一であることには変わりがないが、特に一般民衆の問いに直接答える時に、各自の機根《きこん》を見抜いて説教しているとすれば、便法を用いることが理解の早道であり、結局は道に迷わず正しい信仰の世界へと導けることを、兼好は熟知していたからであろうと推察するばかりである。

さて、ここで仏道と道心ということについて、本文の文章から探ってみたい。まず順序として仏道からみたい。第四段には仏の道として仏道が説かれ、そこでは現世の命が終わった後に、迷苦を脱した浄土の世界への欣求《ごんぐ》が志向されている。それは、次に挙げる一文にみられる如く、死後往生を願っての現在における仏の教えに親しむ、という生活態度の指針が唱えられているところに窺い知れる。

後の世の事、心に忘れず、仏の道うとからぬ、こゝろにくし。

（第四段。後世を願うことを忘れず、常日ごろ仏の教えに親しんでいるというふうな生き方は、おくゆかしいことだ。）

右記のように死後の極楽往生に言及した箇所は、全文を見渡して他に一箇所、すなわち第九十八段に「後世を思はん者は、糂汰瓶《じんだがめ》一《ひとつ》も持つまじきこと也。持経・本尊に至るまで、よき物を持つ、よしなき事也（極楽往生を願う者は、糠味噌瓶《ぬかみそがめ》一つだって持つべきでない。平生携えているお経や、毎日拝む仏像にいたるまで、いいものを持つのはつまらぬことだ）」と著わされてあるくらいである。しかもただ「後世」と記すだけで、具体的に思想内容には触れていない。

他方、念仏に関しては、先に述べたように、法然上人の念仏往生に関する教えを、尊い言葉として第三十九段に掲げ、特別な関心と感嘆をもって簡潔に記述している。この表現はとりわけ印象深い。しかしここでの念仏往生の教えは、直接に死後の浄土往生の世界に力点を置いて説いていないところは、先と同様である。加えて死後に対する救済の悲願は薄く、すなわち浄土の叙述描写は一文も記されておらず、あくまで現時点を中心においた現世での念仏観を表現しているところに、兼好の仏道観の特色がある。

話は戻るが、兼好は法然の三句の言葉を挙げ、「これも尊し」と結び、感想を付けるだけである。では自己は一体それを行道しているかと問えば、そうではない。あくまで傍観者の立場に終始しており、気持ちとしては称名念仏にあこがれてはいるのだが、実際に念仏を唱えて実践するというところまでいけない。いつも兼好は実践の前で立ち止まっているのである。彼は陽明学で説く知行合一的考え方はまったく持ち合わせていない。それには兼好には理知的な面の方が感情・情熱的な決断・行為の面よりも、より勝れていたからに違いないと想像される。この点はまたわれわれ現代人の陥りやすい点でもあり、あまり知識・学問として宗教を知っていても、それは決して救いの絶対条件にならないばかりか、むしろそれがあるがために迷い、安心して決定ができない、という現象が生じてくるのもありうる。それはあたかも、夕闇に強力な照明燈火をつければ、一層明暗が浮き立って周りが逆に暗く感じられる現象に似ている。

第四十一段のある法師の例話について、兼好の引用の仕方とそれについての一般大衆の目、加えて最後に兼好の痛烈な批判・論評では、まったく中途半端でどっちつかずの問題の取り上げ方をしていて、両極の立場からも捉えられる一節となっている。したがって、そういう観点から疑ってみると、第七十三段で「世に語り伝ふる事、まことはあいなきにや、おほくは皆虚言《そらごと》也……とにもかくにも、虚言多き世也（世間で語り伝えることは、実話はつまらないのだろうか、たいていはみんな嘘っぱちだ。……とにかく嘘の多い世の中だ）」ということに通じ、第三者の受け取り方によって、幾様にも解釈される。世間の評判・評価があてにならないことは兼好自身も自認するところである。さらに穿った理解を示せば、兼好自身が別の箇所の第百四十三段で以下のようにいっている。

人の終焉の有様のいみじかりし事など、人の語るを聞くに、たゞ、閑にして乱れずといはば心にくかるべきを、愚なる人は、あやしく異なる相を語りつけ、いひし言葉も、ふるまひも、己が好む方にほめなすこそ、其人の日来の本意にもあらずやと覚ゆれ。此大事は、権化の人も定むべからず。博学の士も計るべからず。己たがふ所なくは、人の見聞くにはよるべからず。

（人の臨終のりっぱだったことなどを話すのを聞くと、ただ、静かでとり乱さなかったと言っておけば、それだけでおくゆかしいはずなのに、愚かな人は、不思議な、普通とはちがった様子をつけ加えて話し、最期に残した言葉も動作も、自分の好む方にひきつけて、ほめたてることは、当人の平素の志でもないだろうと思われる。

この死という大問題については、神仏の化身のごとき人物でも、必ずりっぱに対処できるものとはきめられない。博学の人も、自分の死に方について、前もって予想することはできない。ただ、自分さえ道にはずれたところがないなら、それでいいのであって、人が何と見、何と聞こうと、かまったことじゃない。）

さて、第四十一段についてだが、ここで彼が死期の無常迅速な点を強調したかったのだろう。そして仏道を求め教える身の出家僧が、浮世の楽しみに身をやつし、遊びほうけていることを説かんとしたものだが、どうもこの引文はしっくりいかない文章である。兼好の仏道観といっても、確固とした仏教理論を云々するとか、また仏道修行に衣・食・住を忘れて托鉢行脚するとか、念仏三昧にひたるとかいった伝統的仏道ではないことは明瞭である。しかし仏僧に対する兼好の批判眼は鋭く、珍しい僧侶の話を事細かに如何にも自分がその場に居合わせたかのように叙述する。

結論的にいえば、仏道という生死の根本問題に照明を当てて捉えてみると、端的に「道人は、遠く日月を惜しむべからず。ただ今の一念、むなしく過ぐる事を惜しむべし」（第百八段）という内容にほぼ尽きてしまう。その意味は、日月の過ぎ行くのは人を待たず、無常迅速そのものであり、したがって一刻一瞬の死の到来を忘れずに仏道に励み生死を明らかにしなさいというのである。生死については各自が究めるべき問題であり、特別に答えはなく、心が落ち着き行き着いたところが、敢えて申せば生死即涅槃の世界であろう。すなわち言い換えれば、常に生滅を繰り返す人間の生を離れて、永遠の平安(涅槃)はないし、永遠の平安を離れた生滅というものもない。実は永遠なるものの中に生かされている上での煩悩であり生滅、無常であると受け止め悟ったとき、人間の生(命)ということの本当の意味が理解されてくるのではなかろうか。いわば大宇宙の生命体に一個の小さな自己の生命が、その一部として存在意義をになって、生かされているという実存的実感だろうと考えたい。宗派を問わず、人種、民族を問わず、死の瞬間の悟りには、右のような悟りの体験があったことを伝える記録が本となっている。それはE・キューブラー・ロスによるものである。

さて、特に仏道者にあっては、時の貴重さは計り知れない。したがって時の空費ということがまず第一番目に戒められる。ことに禅宗において顕著な点は、周知の事実となっている。それは特に道元が説き始めたところがあり、その後の人である兼好が禅的影響を受けて『徒然草』で時の貴重さを説いているとも推測されうる。ともあれ人間は、時が一度過ぎたらそれと同じ時は再びめぐって来ず、時が如何に貴重な実体のない無形なものであるかは理屈として十分に知ってはいる。しかしそうであっても、なかなか時を有意義に使うということが生活にかまけて実現できない現実の状況である。特に、出家するか隠遁住まいをしない限り、実際に時の貴重さを身に染みて感じ味わい取ることは不可能であろう。したがって特に日常生活を送るについては困難であるといえよう。対人間関係、人との交際は自分の希望、意志に必ずしも随わず、次から次へと難問難題が起こってくる。考えてみれば、社会的動物としての人間は、社会という人間関係をきっぱり投げ打って、ただひたすら孤独に隠者の如く念仏三昧にひたって一人で生きていくことはできない。それにもかかわらず、否、むしろそういう世俗の雑用に毎日追われ、一体人生とは何か、一体生死とは何かと真剣に自問自答する余裕がないがゆえに、時を惜しんで仏道修行に身を挺して追究することの価値があるというのである。次に挙げる一節は、仏道を実行することのむずかしさを嘆いているが、これは暗に一般人に向かって誠に怠惰な人間性の特質を訴えていると同時に、自らの決断力の不徹底さをも言い表わしていると考えられる。

　道を学する人、夕《ゆうべ》には朝《あした》あらん事を思ひ、朝に夕あらんことを思ひて、かさねて念比《ねんごろ》に修せんことを期《ご》す。況《いわ》んや一刹那のうちにおいて、懈怠《けだい》の心有る事を知らんや。なんぞ、たゞ今の一念において、直ちにする事の甚《はなはだ》難《かた》き。

（第九十二段。道を修行する人は、夕べには、また翌朝もあることだからと思い、朝になると、夕べのあることを考えて、その折にもう一度念を入れて修行しようと、将来にばかり期待をかける。まして、一瞬のうちに、怠りの心のおこることに気のつくはずがない。目下の一瞬において、直ちに実行することが、なんだって、こんなにむずかしいのだろう。）

時への問いかけ

時の貴重さについては、兼好の生誕よりおよそ五十年くらい前、曹洞宗の開祖道元禅師が、仏道の菩提心の上に立って口をすっぱくして繰り返し繰り返し説き示している。言い換えれば、道元は宗教的究極の悟道の見地から、「時」の絶対的尊さについて真剣に身近な弟子に示衆して説き示したのである。たとえば左記の一節はあまりにも有名となっているので、示しておきたい。それは「行持《ぎょうじ》」の巻の中で説かれている。

いたづらに百歳いけらんは、うらむべき日月なり、かなしむべき形骸なり。たとひ百歳の日月は声色《しょうしき》の奴婢《ぬび》と馳走《ちそう》するとも、そのなか一日の行持を行取《ぎょうしゅ》せば、一生の百歳を行取《ぎょうしゅ》するのみにあらず、百歳の他生《たしょう》をも度取《どしゅ》すべきなり。この一日の身命《しんめい》は、たふとぶべき身命なり。たふとぶべき形骸《けいがい》なり（「行持」上)。（無意味に百歳生きたとしても、残念な日月であり、悲しむべき身柄である。たとえ百年の歳月を感覚生活の奴隷となってあくせくしたとしても、その中の一日をよく行持したならば、百歳の生涯を行じたことになるだけでなく、後生（死後）で百歳の命をも救えるはずのものである。したがって、この一日の身命は貴重な身命であり、尊重すべき身柄である。）

一日の身命は貴重であり、尊重すべき身柄である、と説く理由の一つには、「人身《にんしん》得《う》ること難《かた》し、仏法値《あ》うこと稀《まれ》なり、今我等《いまわれら》宿善《しゅくぜん》の助くるに依《よ》りて已《すで》に受け難き人身を受けたるのみに非ず遇《あ》ひ難き仏法に値《あ》ひ奉れり、生死の中の善生最勝《ぜんしょうさいしょう》の生なるべし、最勝の善身《ぜんしん》を徒《いたづ》らにして露命《ろめい》を無常の風に任《まか》すこと勿《なか》れ」（『修証義』）という根拠があり、「一日の行持是《こ》れ諸仏の種子《しゅじ》なり、諸仏の行持なり」（同書）という我即諸仏の一人という自覚が道元に存在していたからである。

さらに道元は、時というものは一度失えば二度とその過ぎたる一日を取り戻すことは不可能だ、と説くのである。この点に関しては、時代と国を超えて現代最高峰のキリスト教詩人T・S・エリオット（Thomas Stearns Eliot, 1888—1965）も『四つの四重奏』（"*Four Quartetes*"）の冒頭の箇所において「過ぎ去った時は、もはや取り返しがつかない……」と同様な宗教的悟りを含んで論述している。

ともあれ、道元が時を惜しみ大切にする気持ちは、仏道を求める切実な要因から生じており、つまりそれは仏道を励む一日一時一分一秒がまたとない貴重な万感を含む時であり、そのような日常の時の中にしか仏道追究の場がありえないからである。すなわち彼にとりその時その時は唯一絶対の存在であり、他日を待って仏道・生死を追究するとか、また代用できるとかという性格のものではない。明日という日はあてにはならず、今日ただ今のこの我の存在とこの場所的空間の存在こそは確かであるが、厳密にいえば一時間後一日後、先ほど味わった心的状況なり体験というものは再び繰り返すということができない。そのような事実の諦めが存在する。

さて、兼好と道元との時に対する捉え方には、歴然とした区別・相違がみられる。一方、兼好は仏道を追究する精神的内面探究への情熱は人一倍持っていたゆえに出家をしたが、徹底した職業僧にはなれず、あくまで半僧半俗のような隠者生活で終始した。他方、道元はそれに比して我が身を完全に釈迦牟尼仏に帰依し投げ打ち入れて、波多野義重などによるパトロンの援助もあって、純粋に仏祖仏道に精神研鑽を徹底し、また弟子や在俗の信徒・壇家にも布教伝道を積極的に施した。道元には、大まかにいって、知行合一の立場はあるが、兼好には明らかに知は鋭く豊かにあっても行が知に伴っていない。その点の違いは極めて大きい。また、彼は気持ち、感情、情緒、情念としてはどこまでも仏道を追い求め志向しているけれども、世俗を脱出して、隠徳の聖、和光同塵《わこうどうじん》——老子の「和其光、同其塵」から出た語で、自分の智徳の光をやわらげ隠して、俗世間の中に交じっていることを意味する。仏教では仏菩薩が悟りの智慧の光を隠して衆生を救うために世俗の塵世に生まれ、次第に仏法に引き入れるという意味もある——のような隠れ身の聖《ひじり》になりきって仏道修行の生活に踏みきれなかったことは事実である。

また、道元の捉えた時観は時感にまで徹底化されている。すなわちテオーリア（theōria）の観から本能的・直感的感覚にまで身心と直結させ、血肉となって自覚化・記憶化されていると言っても過言ではあるまい。それは次の一節を拝覧すれば、おのずと感じ取られると思うのである。

尺璧はうることもあらん。一生百歳のうちの一日は、ひとたびうしなはん、ふたゝびうることなからん。いづれの善巧方便ありてか、すぎにし一日をふたゝびかへしゑたる、紀事の書にしるさゞるところなり。もしいたづらにすごさざるは、日月を皮袋に包含して、もらさざるなり。しかあるを、古聖先賢は日月(を)ほおしみ光陰をおしむこと、眼睛よりもおしむ、国土よりもおしむ。そのいたづらに蹉過《さこ》するといふは、名利の浮世に濁乱しゆくなり（「行持」上）。

（一尺の宝石は手に入ることもあろう。一生百歳のうちの一日は、一度失ったならば二度とは得られないであろう。どのようなうまいやり方があって、過ぎた一日を再び取りもどすことができたという者があろうか。そのような話は歴史の書に著わされてはいない。もし一日をむだに過ごさないならば、日月（時間）を体の中に包み持って、漏らさないようなものである。そうした趣きを昔の聖者・賢人の例で見るならば、その人たちは、日月を大切にし、時間を大切にすること、自分の眼よりも大切にし、国土よりも大切にする。ところがそれをむやみに誤るというのは、名利を求めて浮き世に堕落するからである。むやみに誤ることがないということは、つまり徒らに過ぎないというのは、仏道に生きる場合である。）

以上のように、道元は一日一日の行・住・坐・臥、その他諸事万般にわたっての仏道の行持こそ重要な意義を持っていると、出家者・在家者を問わず警告する。続けて先にも取り上げた如く、一日の価値はどんな宝石にも比べられるものではない、いったん失えば永久に取り返しがつかない、と道元は強調している。そして彼は、日々の寸陰を大切に過ごすべき心構えを繰り返し繰り返し説くのであるが、その基底には仏道の行持観が支えとなっていることは明らかである。

第四章　利休の生死観

日本人の生死観

生死というと、その昔、一人の弟子が師匠である孔子に、死とは何かと尋ねたら、師は「まだ生を知らないのに、死など話をする余裕がない」と言ったという有名な話があるが、生死の問題は、生きとし生けるわれわれにとっては永遠の問題である。生か死か、そのどちらかが分かれば、他はおのずから分かってくる。この世にあっては、今までに死の世界をめぐって帰ってきた人はいないのであるから、問題は生の解決から始めなければならない。この意味で孔子は正しかった。この生が分かれば、死は生の絶対否定であるからおのずから解決がつく。それならば生とは何か。

生きているということは、死んでいないということであるから、生の中にすでに死が考えられているといってよい。生と死とは常に共にあり、離しては考えられない。それにもかかわらず、われわれは生をまさに生きて自明のこととしながら、死が分からないという。それは生死の事実が分かっておらないからであろう。

『方丈記』の冒頭に次の一文がある。

「行く河のながれは絶えずして、しかも、もとの水にあらず。よどみにうかぶうたかたは、かつ消えかつ結びて、ひさしくとどまりたる例なし。世の中にある人とすみかと、またかくのごとし」

この一節はどちらかといえば、無常感の方が強く、生死の事実の意味はあまり響いてこない。『平家物語』の「祇園精舎の鐘の声、諸行無常の響あり、云々」の文も無常感の方が強い。これらは共に仏教思想の影響を受けていると考えられるが、生死の事実の側面からは退一歩である。

それでは仏教では、特に禅仏教では生死の事実をどのように取り扱ってきたのであろうか。次に京都花園の妙心寺の開山である関山国師（一二七七〜一三六〇）の一話を引用しよう。

国師のところへ一人の雲水がやって来ると、頭ごなしに怒鳴りつけられた。国師は、「馬鹿坊主め！　今ごろ何をうろうろ歩きまわっているのだ！」と言った。行脚の僧はまごまごした。ちょっと取りつく島がなかったが、それでも素直に、

「私は生死の一大事のために、わざわざ当方へ、伺って参ったものでございます。そう頭からおしかりになりましても、さっぱりわかりませぬ。なにとぞ、御垂誡《ごすいかい》をお願いしたいものであります」

と言った。

するとと、国師はさらに一段と声を張り上げて、

「この馬鹿！　わたしのところには、生命などというものはないのだ。早く出て行け！」（『延宝伝燈録』）。

こんな調子で妙心寺へ来る行脚僧は皆ことごとく叩き出され、追っ払われた。

和尚の関山国師はなぜこの生死の問題を取り上げずに、尋ねてくる雲水たちを追い払ったのであろうか。あるいは取り上げないところに、却ってその解決があったのだろうか。ここはやはり、しりぞけられたところに、却《かえ》って親切丁寧な指示があったと見るべきであろう。はたしてそれは何であろうか。

人間の日常の生活経験からいうならば、生もあり、また死もあるのがあたりまえである。それをどうして「わが這裡《しやり》に生死なし！」でおしとおしたのだろうか。

ただこのような禅の教えは有から無へ至る道筋は断じて教えない。それはみずからが獲得するものなのであるというのが、禅の教えであり、また広く仏教の教えでもあるからである。

生死の問題について、禅の教科書の一つである『碧巌録《へきがんろく》』からもその一例を示しておこう。

中国の唐時代に雲水の漸源と、その師匠の道吾とが檀家へお弔いに行った。弟子は棺を叩いて「生か？　死か？」と尋ねた。師は「生とも道《い》わじ！　死とも道わじ！」でおしとおした。弟子は理解できなかったので、石霜という当時有名な和尚のところへ行き、同じように尋ねた。すると石霜もまた「生とも道わじ！　死とも道わじ！」と答えた。何度尋ねても答えは同じであった。漸源は七転八倒の苦しみの後、ついに死を決して尋ねた。ところが答えは依然として「生とも道わじ！　死とも道わじ！」であったが、この時初めて漸源の心中に感じ得る何ものかがあり、弟子は師匠の心を受け取った。

上述した二つの、禅に関する話に見られる共通点は、生死の問題を理屈や論理として捉えるのではなく、生死の事実として捉えている点である。ところが生死の事実そのものは言葉では表現できないものであるから、できないものを何とか工夫して表わそうと腐心したのが仏教者の仕事の一つであったわけである。それで仏教の表現は必ず一度は否定する。そしてその否定をとおして大肯定へ出てくるのである。無心・不生など禅書にはいくらでも見られる表現である。仏教が表現する多くのものは、ある意味では矛盾に満ち満ちたものかもしれないが、そんな一片の語句にも、生命の事実を導き出す鍵が隠されているかもしれないと考えるのである。

利休の生死観

それでは茶聖利休は生死の問題を如何に捉え、またどのような仕方で表現したか。利休は茶人であるから直接、禅を語りはしない。しかし利休が禅に深く通じていたことはよく知られていることである。藪内竹心の『行言録』に、利休が正親町天皇より居士号を賜わった時に、禅の師にあたる古渓和尚から「泉南の抛筌斎宗易は、すなわち予が三十年飽参の徒なり」と言われている。「飽参」というからには相当参禅を重ね、並々ならぬ心境の持ち主であったにちがいない。

当時の茶匠たちは皆、禅に深く参じていた。茶道の始祖といわれる村田珠光《むらたしゅこう》は一休（一三九四〜一四八一）に、茶祖といわれる武野紹鷗《たけのじょうおう》（一五〇二〜一五五五）は大林宗套《おおばやしそうとう》（一四八〇〜一五六八）に、利休は古渓《こけい》にという具合にである。このように禅と茶道との関係は、決して別のものではないことが分かる。

実は利休に至るまでの茶の湯の系譜には二つの系統が考えられる。一つは、珠光・紹鷗・利休へという系統と、今一つは、能阿弥・道陳・利休へと辿る系統である。前者は小座敷の茶の伝統をいい、後者は書院台子の茶の伝統をいう。この二つの系統が利休において一つになっているが、これは何を意味しているのか。もともと茶の湯とは書院台子の茶を指す。それに飽きたらず、「道」にまで高め、完成させたのが利休であり、小座敷の茶とも、また、「侘《わび》すき」の茶ともいっているものである。利休が求め創造していった小座敷の茶と書院台子の茶とが、決定的に相違するのはその道の根本に禅寺の清規をすえたことである。利休は真の侘茶を説いて『南方録《なんぼうろく》』で、「侘の本意は、清浄無垢の仏世界を表す」ことであるといっている。また、常々「小座敷の茶の湯は、第一仏法を以て、修行得道する事なり。家居の結講、食事の珍味を楽とするは俗世の事なり。家はもらぬほど、食事は飢ぬほどにてたる事なり。これ仏の教、茶の湯の本意なり」と言った。利休の弟子の山上宗二（一五四四〜一五九〇）も、その記の中で「茶湯ハ禅宗ヨリ出タルニ依テ、僧ノ行ヲ専ニスル也」と言っている。

このようなことから茶道の根本が禅の教えによっていることが知られる。久松真一氏は、「侘茶は、禅における宗教改革であった」とさえ言っている。

このように茶道と禅との関わりが知られるならば、先に引用した生死を取り扱った語録や公案との関わりを如何に見たらいいのか。もともと生死とか生滅というのはわれわれの存在そのものに深く関わっている事柄である。だから生死とか生命という言葉がそこに語られないからといって生死を扱っていないということにはならない。

そこで利休の行状や言葉の片々隻語の中に、生死の事実を探ってみることにしよう。次に二つほど話題を上げてみよう。

「一期一会《いちごいちえ》」という言葉がある。これは幕末の大老・井伊直弼（一八一五〜一八六〇）が著した『茶湯一会集《ちゃのゆいちえしゅう》』に出てくる言葉である。その冒頭に、抑《そもそも》、茶湯の交会は、一期一会といひて、たとへハ、幾度おなし主客交会するとも、今日の会にふたゝひかへらさる事を思へハ、実に我一世一度の会也

とある。前出した『山上宗二記《やまのうえそうじき》』には「生涯にただ一度限りの会」とあり、『南方録』には「一《いち》座一会《ざいちえ》」とあるように皆同じ意味を指す。引用した文に見られるように、繰り返しがきかないということの本当の意味は、大袈裟ないい方をすれば、そこに生命をかけるということであろう。すべてが一度きりなのだ。人の生命が一度きりのものであるように、茶事もまた一度きりなのである。だからこそ茶人はそこに生命を賭するのである。

次の利休について語られる逸話は、彼の美意識がいかんなく発揮されている好例の一つである。『茶話指月集《ちゃわしげっしゅう》』によれば次のようである。

ある時、秀吉が利休の家の朝顔が美しく開いたのを知って、それを所望した。翌朝、利休の家の庭に入ってゆくと、朝顔の影も形もなかった。不審に思ったが何もいわなかった。ところが茶室に足を入れると、何と、そこに唯一輪の朝顔が鮮やかに生けてあった。

幾分脚色めいた感もしないではないが、現実の中に虚構の世界を作り出すことによって生命の尊さを見いだそうとする。美的関心からいうならば、まだ夜も明けやらぬ早朝、薄暗い部屋の床に露

を含んだ一輪の花。花は愛惜に散るというが、花そのものはただ咲くのみである。花は黙して咲き、黙して散っていく。そうして再び枝に帰らない。このような仕方で利休は生死の事実を表現しようとしたのであった。

利休の賜死《しし》

利休の賜死に関しては、謎に包まれた部分が多くあり、真実は分からないといわれている。利休は幼少の頃から茶を習ったようである。五十歳の頃までには大宗匠の一人として世に認められていた。すでに述べたように、茶頭として織豊の二人に仕えたが、当時の日本の軍事的および政治的権力を手中にしていた秀吉によく知られるところとなった。秀吉は利休に三千石を与え、戦場へも利休をともなっていった。当時の戦乱時代に、茶道が大名たちの間にもてはやされたのは、茶会がしばしば軍事的に重要な場になったからである。

利休は実際の生活では何不自由はしなかった。政治的・経済的にも恵まれ、また芸術的な才能にも恵まれていた。しかし利休を取り巻く周辺の事情はむしろ利休のおもわくとは逆の方向へ行ったといってよいであろう。利休自身にそんな気はなくても、次第に世俗の確執に巻きこまれていったのである。そしてついに横暴な主君である秀吉の怒りをかい、自刃を命じられたのである。しかしながらその理由は今もって明確にされていない。

利休が切腹を命じられたとき、彼は少しもさわがず、小間の座敷に釜をかけ、花を入れ、一服飲んだ後、ただ今からこの茶碗は無用のものであるといって庭へ投げ打ちこわした。そしてその場にいた弟子に万事をいい遺し、形見の品々をすべて分け与えた。辞世として次の漢詩と和歌を認《したた》めた。

人生七十《じんせいしちじゅう》
力囲希咄《りきいきとつ》
吾這宝剣《わがこのほうけん》
祖仏共殺《そぶつともにころす》
提《ひっさ》ぐる我得具足《わがえぐそく》の一太刀《ひとつたち》今此時《いまこのとき》ぞ天《てん》に抛《なげうつ》

この悲劇的な死に利休が遭ったのは、天正一九（一五九一）年二月二十八日のことであった。冒頭でも述べたように賜死の原因が何であるかという問題について、従来から諸説あるが、およそ次の二つに集約される。すなわち、その第一は、大徳寺山門上の金毛閣に利休の雪見姿の木像を安置させたこと。第二には、茶道具の目利《めき》きと売買にあたって利休が不正を行ったこと、の二つである。

これら二つの事件について、その動機が明らかにされねばならないが、これに関して二つの説がある。一つは利休派と反利休派の対立の反目がある。反利休派が急に勢力を盛り返した結果、利休の罪状が事新しく取り上げられたとする説と、中央集権派と地方分権派との対立と反目であり、秀吉の関東遠征の直後、利休が、東国問題で地方分権派に荷担したため、中央集権派の策謀によって失脚させられたとする説とである。いずれにしても、賜死について、はたまた利休の生涯について、歴史学はわれわれに興味ある問題を提示する。それで従来から学者といわず、文学者、小説家等によって、しばしば取り上げられてきたのである。これだけ人口に膾炙《かいしゃ》された人物も日本の歴史上稀である。

歴史的な詮索はともかくとして、わたくしにはもっと興味を引く事柄がある。それは何かというと、命により切腹の沙汰が下された時、利休は従容としてその命に従ったという事実である。周辺には命乞いの動きがあったようであるが、利休はものの見事に去っていった。利休の横死の年、二月十三日、利休は秀吉の命で堺追放になるが、京の聚楽台の利休屋敷を去る時、「利休めはとかく果報のものぞかし、菅丞相になるとおもへば」と書し、わが娘のお亀に渡してくれといって出立したといわれている。その昔、讒言によって太宰府へ流された菅原道真の出来事が想起される。それから数日後、同年二月二十五日、前出の遺偈《ゆいげ》を認めた。思えばその日は同じく道真の祥月命日にあたっていた。

茶事における亭主の役割りは、一座をプロデュースするプロデューサーである。主君秀吉の命で今までどれほどの数の茶会をプロデュースしてきたことか。秀吉の命はすべて受け入れてきた。利休が手掛けた茶会はすべてが命懸けであった。利休最期の茶会はまさに茶筌を抛《なげう》って、名刀吉光に替え、幕を下ろしていった。あまりにも心憎いばかりのプロデュース振りではないか。

それは利休の生き方の問題であった。人生に対する処し方の問題であった。そこに利休自身の生命に対する考え方が感得されるといってよいであろう。

参考文献

久松真一『茶道の哲学』（講談社学術文庫）一九八七年。
桑田忠親『定本、千利休─その栄光と挫折』（角川文庫）一九八五年。
西山松之助校注『南方録』（岩波文庫）一九八六年。
熊倉功夫『南方録を読む』淡交社、一九八三年。
筒井紘一『山上宗二記を読む』淡交社、一九八七年。

第五章

沢庵の生死観

生滅の循環論・生死の旅

沢庵禅師においての生死観に的を絞って、彼が死、死後のことを如何に考えていたかを本章で考察試論してみる。その際、特に問題となる点は、彼が真正面から死の課題に取り組み論じた箇所が見られないということである。そこに理解の難しさが確かにある。さらに加えて、沢庵が仏教思想を儒教思想の理論を持って独自に都合のよいように説き示し、儒教を混合融合し、またその異なる各思想を一致させようとしたことから、実に把握し難い一因が考えられる。

たとえば仏教では、儒家が説く理気二元論の理を背馳し、君親にそむき、妻子を棄て、山林に入り、生命を棄て、空無寂滅の境を求める。他方、儒教では一物として理をそなえないものはなく、一理として物にたがうはずがない、と説く。つまり、仏教では万理みな「空」「虚空」また「無」

だと説くが、儒教では万理みな「実」だと説く。儒教では、心は虚であっても理は実であるとみる。そうした中で沢庵は理よりも気を重要視する。

「言う、万物から生じ、万物を生ずるものは気である。陰が陽を生み陽が陰を生むようなものだ。気が万物を生じ、万物が気を生む、万物と気とは一つである。それゆえ、天地に充ち塞がる、自己がその体である、という。自己をもって区切ることはできぬ、自己と万物とは一体である。…万物は一つである。たとえば水のようなものだ。昇っては雲となり、霧となり、霞となり、雨となり、露となり、降《くだ》ってはまた水となる。このように昇り降って止むことがない。みなこれ一物である。

陰陽は一つである。気は物と一つである。我は気と一つである。あつまって我、ちらばって気である。天地の気は無始無終である。人や物に至って、始めと終わりがある。生まれて気となるのは始め、死んで気となるのは終わりである。気を稟《う》けて、気に還《かえ》るからだ。天地は稟《う》ける所がなく還る所がない。ゆえに始終がないのである。(1)」

沢庵のこうした『理気差別論』(明暗雙雙集・巻之九)には、

「人も死し、草木も枯れ候へば、変じてなく、本《もと》の五行(木《もく》・火《か》・土《ど》・金《きん》・水《すい》)にかへり、五行は陰陽にかへり、陰陽は一気にかへいり、一気また一理に(2)窮《きわま》り候。きはまりてまたはじまり候へば、いつをかぎりとも、又いつをはじめとも申しがたき子細《しさい》にて候」

と「天地之部」に説くところから考察すれば、形而上の理が、何によって、どのように感じ動いて、形而下の物であり人である気に変わるのかは必ずしも明らかでない。「気」とは沢庵によれば、風、人の息のように「気はかたちなけれども、れきとしてあるしるしには、気がうごけば風がふく」と言う。確かに沢庵は人も草木も共に枯れれば変じて無くなるが、彼の思想の根本にみる無始無終のいわゆる万物の循環論からすると、人間の肉体的死はそこですべてが終わってしまわず、元あった太極・無極に還ると説く。

そして彼には隠顕の思想、すなわち仏教では密教・顕教の区分けに照合する。そこで『結縄集』では、

「人倫の生死かくのごとし、一旦形をうしなふといへども、又あらはれ出づる道あり。有より無に出で、又無より有に出づる事たがひなり。凡眼からは無にいれば、始終無にきはまるとおもへり。無も常住の物なり、有も常住の物なり。…有無往来の間に道正しからむ事をおもふを、仏法と申すなり[3]」

と、沢庵は説き、また一方で、

「悟る人はこれを生死と云わず、隠顕と云う。生死と見る者は、生死に着して、無常を顧《かえり》みず。隠顕と見る者は、総じて生死をはなれて、常見に帰す[4]」

と説くところに生死観の一端が窺える。また、

「此五蘊《ごうん》の身は、時に随って消長すれども心空にして受けず。…たらちねに、よばれて仮の客に来て、こころのこさず、かへる故郷《ふるさと》(5)」

とも語って、夜と昼は後々にも続き、「虚空は死することなし(6)」と言う。

さらに沢庵は死を昼(生)と夜(死)のたとえに当て、必ず生があれば死があることを認めるが、死んだ後は「中有」の移行期間があり、「生死の旅」が待っていて、魂・霊魂は消滅しないと説くところに、実は沢庵の生死観の根本が読み取れる。因みに引用して置こう。

「人のいける間をば、昼とおぼしめし候へど、人の死したるを夜とおぼしめし候へど、夜は又一たびあけずしてかなはぬものにて候。いきてながくいる事はなく候。日のながくくれぬと申す事もなく候。夜は又あけて日になり候ごとく、人もいきてながく御入り候事もなく候。又生れいで、その死すると生くるとの間を中有と申し候。此身は土にかへり候故に、くわうせん(黄泉)と申し候。くわうせんとは、土の事にて候。魂はきへずして、中にある故に、中有と申し候。くわうせん、中有のたびのそらなどと申すも、生死の間は、人のたびのたち出《い》で家をはなれ、中にあるにたとへて申し候、旅も又一度は家に帰り候。人も生死の旅に立ち、しでの山、さんづの河などとて、此世にて足を運び歩みを移し、候様には候はねども、一ねんの中に山をこえ川をわたり、苦しみをこころ御入り候。さまざまの事ども御入り候。か様の事過ぎて、故郷に立ち帰ると申し候。之に依り、此世をばたびと申し候(7)」

以上の説示から判断すると、たとえ人は死し土になっても、魂は消えずこの世に残った状態になるとする。柳田国男がその著『先祖の話』で、古代からの連綿と受け継がれて来た大方の日本人の霊魂観と同じ立場に立ち、生まれ育った家の周りに、子孫を守護して先祖の霊となって浮遊しているとみる捉え方とほぼ同じ観点に立つ。文字通りに理解すれば、「この世は夢の中」(8)と解釈する思考と同じく、夢から覚めれば生きている自分に気が付くのであり、夢の中で死んだと観念してみても、実際は布団の中で生きている自分に目覚めてほっと胸をなでおろし安心する。

しかし、死は客観的にいって厳然とあり、その死を体験した時からは、完全に夢ではなく無と化し意識も何もかも存在しなくなることは疑えない事実現象である。生きている時に、生者は死の事実現象を知ることができる。しかし一体死とはどういうことかについては、永久に死の世界を覗き見ることはできないのである。死後のことは、孔子(9)もお釈迦様も分からないのである。たとえ「死ぬということは宇宙と一つになること」「死ぬということは、親のところに、天国に、極楽浄土に…行くという感じだと思う」と言ってみたところで、それは願望であり、期待的想像でしかない。同じく輪廻転生説も同様である。これほど明らかなことはない。それを沢庵は「生死の旅」(10)と事実を曲げて否定してみても、人は決して生き返る訳でなく、事実誤認もはなはだしいといえよう。

旅とは、一時は宿屋に泊まり休暇しても、また翌日は生きた元の姿で身体を動かして続けられるものであるからだ。しかし、寝床に就いて疑うこともなく必ず毎朝目が覚めていた当たり前のことが、突如目が覚めることがなくなったとき、それを「死」ということができる。それは毎晩死んでも毎朝目が覚めることの繰り返しが完全に止まってしまった時である。ところで、「中有」については、中村元監修『新・仏教辞典』には、次のように記述されているので参考のために記載してみよう。

「[(梵) アンタラー・バヴァ (antarābhava)、また中陰《ちゅういん》・中蘊《ちゅううん》とも訳] 意識をもつ生きものが、死の瞬間 (死有) から次の世に生を受ける (生有) までの中間の時期で、意から生じているから意生身、血肉で保持されなく香を食するからガンダルグ (食香) などと称される霊魂身とでもいうべき体をもつ。またこの期間が49日であるという説から人の死後7日ごとに経を読み、7回目の49日を満中陰として死者の冥福を祈る風が生じ、俗にこの期間は亡魂が迷っているといわれる」[11]

仏教と儒教の混融思想

さて、ここで「有」と「無」そして「無為」「無記」、さらに「無我」について言及しておこう。

原始仏教では存在のことを有《う》(bhave) という。これはわれわれの世界としての現象的存在だけを意味した言葉である。五蘊《ごうん》(存在においてそれが担っている五つの性質、すなわち存在を把握する五つの仕方を指す。その五種とは、存在の物質的感覚的性質を一全体として捉える存在形態である色蘊、感性的認識の仕方にともなう受蘊、取像性として表象される存在としての想蘊、意志その他の心意識作用である行蘊、そして最後に対象了別の心の総称である識蘊。具体的な一々の事物はすべて、あらゆる条件によって色・受・

想・行・識の人間活動の五種が仮に集まってできているというか。認識存在が成立するとみるのが仏教の立前である）・十二処（略）・十八界（略）もこの意味の存在を指している。ところが原始仏教では真理規範としての法が説かれている。それは縁起や四諦（苦諦・集諦・滅諦・道諦の四種である。すなわち、苦諦とは、この世は苦であるという真理。集諦とは、苦の原因は世の無常と人間の執着にあるということ。滅諦とは、無常の世を超え、執着を断つことが苦滅の悟りの世界であるということ。道諦とは、滅諦に至るためには八正道の正しい修行方法を実践すべきだということを意味する）の道理がそれである。こうした縁起の道理（宇宙の法則）は仏教の出世不出世にかかわりなく、法として決まっていて、法界法住の永遠不滅の真理であるとされる。

以上のことは釈尊の仏教の根本教義である。しかも、釈尊はこれを作り出したというか考え出した訳でなく、ただ、この法を発見して世の人々に説いたとされる。したがって、この意味の真理は不生不滅の永遠の存在であるから「無為」ということができよう。

しかし原始仏教では、この真理を存在としては説かなかった。有（存在）とは、具体性を持ったものであり、後世の仏教用語では事《じ》とか相《そう》としての存在を存在として説いたのであり、儒教で説く「理」「性」とかいうものは存在としなかった。ここに沢庵が儒教理論を仏教理解のために、敢えて理論武装というか大衆を説法で説得させる方便・便宜上、自家薬籠中のものとして使っていることは明らかである。つまり仏教の立場からいえば、内容ある具体的なものを存在と見なし、無内容な形式そのものは存在とは考えなかった。それは仏教が実践を主として重んじ、単なる理論や観念的思惟のための理論はこれを排除したからである。

ところで仏教は「無我」説である。無我とは「我《が》がない」「我でない」となるが、「我」とは生滅変化を離れた永遠不滅の存在とされる実体や本体といわれるものを意味する。つまり仏教の立場では、このような実体や本体は誰にも経験したり認識することができないから、結局、それが存在するか否かは不明であり、それゆえに無記であるとした。つまりそうしたことを問題とすることを禁じたのである。簡単に言えば、死後のこと、霊魂と肉体は同一か別異か、如来（生死を超えた人）や霊魂は死後に存在するかしないか、などに関するものはいずれも経験不可能な問題である。こうした問いは、釈尊のいた当時の宗教や哲学で問題になっていた本体論であった。それについて、「毒《どく》箭《や》の喩え」でもって青年を諭し、心を翻して初めて自己の非を悟って仏道修行に入ったとされる。つまり仏教が採用する点は、その教えが真理や正義にかなない、悟りの理想に対して役立つものでなければならないということである。したがって、もし真理や正義であっても理想に向かわせるものでなければ採用してはならない、またもし宗教信仰として役立つものであっても、迷信邪教であればこれを採用としない。だから無我説も無記も同義語である。さらに言えば、無我も空も空性の語も大乗仏教においては同じ意味となる。

要するに無記（avyākṛta, avyākata）とは、答えられないものであり、記述し解決することのできないものであるから取り扱うというか、問題にすることを禁じた訳である。それは修行し悟りを得るに実践にまったく役立たないからでもあった。外教が説く形而上学的実体、観念概念的実体は具体性を持った永遠不滅の存在とされるものであったが、釈尊の説く仏教の立場からはそうした具体的な不生不滅の存在は考えられなかったのである。これはドイツの哲学者カント（一七二四〜一八〇四）も神の存在証明においてその存在を認識不能として問題にしなかったが、ただし、人間の側からの要請として可能性が考えられるところまでしか踏み込めなかった。そうした認識不可知論の立場にとどまったことは、釈尊も同じである。

釈尊は入滅直前にも、それ以前にも「自らを洲とし、自らを依所とし、他に依ることなかれ、法を洲とし、法を依所として、他に依ることなかれ」という「自灯明、法灯明」の教訓を説いた。確かにこの例における自らとは自己や自我を指すが、これは仏教が排除する不生不滅の本体としての自我とは違うのである。ここで説くような常識的な我とか、われわれの人格（形成）の主体となる自我、また仏教が理想とする完成された自己としての我とかはこれを認めて、区別している。

そこで仏教では霊魂について如何に見るのか。つまり仏教は霊魂を説くのか否定するのかという問題がある。簡単に言って、外教諸派が説くような常住不変の実体としての霊魂観は本来の釈尊の根本仏教では説かない。ただし、人格の主体として業《ごう》を保持している霊魂は、三世（過去・現在・未来）を通じて存在するものとして、これを認めている。しかし、それは不生不滅ではなく、輪廻の主体として、業や経験に従って常に変化しつつ連続する有為法である意味においてである。唯識法相の学説で阿頼耶識《あらやしき》（一種の唯心論である）といわれるのもこれにほかならない。もう一歩、話を進めれば、理論のための理論、観念の上の観念論は本来の仏教では否定する。しかしそうではない、実践的な無我や我や空、虚空を体得するのが仏教の最後の目的であり、そのための理論は大いに説かれる。たとえば『般若心経』で五蘊皆空、色即是空、空即是色と説かれている空も、理論的実践的な空や無我を意味するところの大切な真髄となる仏教の根本思想である。

沢庵は『華厳経』の三界唯一心の思想を、彼の著述の至る箇所で説き明かす。その思想とは簡単に言えば、次のようになろう。

「わたくしたちが、もしも、過去・現在・未来のあらゆる仏を知りたいと思ったならば、つぎのように思念しなさい。『心こそ、もろもろの仏をつくるものである』と」。つまり別言すれば、苦しみの世界も、悩みのない世界も、どちらもみな、われわれの心によってつくり出されるものである。それは心が迷えば悩み苦しむ人となり、心が悟れば悩み苦しみから解放された仏となるというのである。

それに従えば、生死の問題を解決するには生死も一如と見、死を恐れたり苦しみと見ず、生も死ももともと無として見、すなわち無我無心に分別知でもって死の恐怖を見ず、人間のように悩み苦しむ人も仏の現れであり、また山河大地、山川草木の自然もすべてが仏の現れとする。いわば全宇宙の大千世界がビルシャナ仏に他ならないとする。しかし、この華厳宗の教えは単なる理論であって、実際現実の事象とは矛盾すると疑って捉える見方もありえる。確かに沢庵は人間は死ねば灰となり、人間の姿は跡形もなく、物質肉体が滅した後にどうして生命の再生があろうかと言う。そう言いつつも、また一方では、逆の相矛盾する言い方、すなわち彼は肉体はたとえ滅んでも魂は永遠に残ると見ていた。これは釈尊が説いた無我説・無記ということからいけば、明らかに教えから外れた立場である。

元の本題に戻れば、沢庵は仏教思想を儒教思想の理（無極）と気（太極）の理気二元論で解釈する。その思想とは理は物がない。気は物がある。物があれば動く、物がなければ動かない。また気は気だけでは動かず、物の相互作用で動くのだ。無極は物がまだ生じない時であり、太極は物が生じたころである。動いて物は生じとどまるところからすれば、終わることもない。終わりがなければ始めもない。こうした考え方からいくと、生は死となり死はまた生となり、生滅の循環論となる。したがって、個をしての肉体的死がすなわちすべての生命の終結とならず、生は死とならない立場に立つ。

翻ってここで現代脳科学者として広く知られ、今をときめいて見える茂木健一郎（一九六二年生まれ）氏の著書『生きて死ぬ私』（筑摩書房）には、感情論を排除し、科学者の客観的・観察的立場を終始徹底して貫き、まことにクールに響くが、一科学者の見解を述べられている。

彼ははっきりと「死んでしまえば、人間は無なのだ」と言っている。また、人間は死んだらすべてがおしまいであり、「死後の世界」などあるとは思わないとキッパリと言っている。引用してみたい。

「私は、人間は死んだら無だと思っている。つまり、時間の流れの中で、私という人間にも死ぬ時が来たとしたら、その後には、私という人間の心を支えていた物質的基盤はすべてなくなってしまい、それで終わりだということだ。いわゆる「死後の世界」というものがあるとは思わない。

もちろん、今後の人類の知的探求によって、人間の生と死がその中で展開される、時間の流れそのものについての理解が深まる余地はあるだろう。実は、誕生とともに生が始まり、死をもって生が終わるというストーリーが、不完全で浅はかな理解にすぎなかったということになるかもしれない。

だが、そのような根本的な時間観、死生観の変化がない限り、人間の願望とイマジネーションのつくる安易な「死後の世界」などというものはないと思っている。生と死の真実は、もっと厳しいものであると思っている。だから、私の死後、私の骨を墓にいれようがどうしようが、それは私の死を思い出す人にとっての問題であって、私の一身に関わりのないことだと思っている」[12]

以上のような基本的考え方、思惟方法は、釈尊の根本思想とも、また法然、親鸞、道元、一遍等とも大方一致する。

さて、ここで先に挙げた「洲」(dipa) というのは、河の中の洲、もしくは海の中の島をいう言葉である。それによって、すべて流れ漂うこの世の中において、それのみがよりて立つべきところというほどの意味である。そのようなよりどころは、自己をおいてどこにも存在しないのである。釈尊の説く道は、疑いもなく、その意味の道であった。簡単に現代の言葉でいえば、自己確立、人間形成のことである。つまり、釈尊の教える仏教は、本来、一つの実践的人間形成の道を追求したのである。要するに、凡夫であるところの人間が、しだいに自己の人間を形成して、ついに覚者、勝者、悟った者（ここでは普通名詞の Buddha《ブッダ》）と名付ける理想の人間像を実現しようとすることにある。それが、仏教の全道程である。[13]

それに関連し、先に仏教は「無我」［(anattā, Skt. anātman) この言葉は、「我」(attan, Skt. ātman) に否定を表す接頭辞 ‘a’ を付して成った語である］の教えであると述べた。今そのことに関し、思想的な説明をして明らかにしておきたい。そのことは一言で言えば、「自我に関する固定的観念の否定」を、釈尊が従来のバラモン的考え方に堂々と異説を唱え、反論し宣言した教えであった。たとえば、一つの経（『相応部経典』二二、四五、無常一。漢訳同本の『雑阿含経』三、三五、清浄）において、釈尊は次のように語った。

「此丘たちよ、色《しき》（物質的存在）は無常である。無常なれば、すなわち苦である。苦なれば、すなわち無我である。無我なれば、すなわち、これは我所《がしょ》にあらず、これは我《が》にあらず。これは我体《がたい》にあらず。かくのごとく、正慧をもって如実に観ずべし」

上記のことから、釈尊の否定するところが、次の三点にあることが分かる。

一　我所の否定
二　我の否定
三　我体の否定

その第一は、無常の存在論の立場に立つかぎり、そのような「わがもの」はありえないから、「これは我所にあらず」との主張がなされる。すなわち、これは常識の世界において支配的である自己の所有に関する固定的な観念を否定したもので、所有に関する執着を排し断とうとしたものである。

その第二は、当時、古代インドの哲学思想家たちが持っていた自我の考え方を否定したものである。すなわち、ウパニシャド（Upanishad）の思想家たちは、個人我を意味する「アートマン」（我）を高めて、普遍的な実在者の位置を与え、古き宇宙原理としての「ブラフマン」（梵）と同体と見て、「梵我一致」の思想体系を展開していた。それに対し、釈尊は無常の存在の立場から、そのような独断的、絶対的、無制約的な自我の考えを真正面から否定したものである。

第三の「これは我体にあらず」というのは、自我の不変なる本体を主張することに対する否定を意味する。ここで体というのは、不変の本体、本性［ここで儒教思想と照合すれば、孟子は「性にしたがう、これを道という」と説き、天地の理を性（本質、もちまえ）として捉えた。すなわち、天とは自然のことで、そうした自然も人も物もこの規矩法則の理すなわち性に従えば安らかである、とした。そうした性が本性と同義に解される」、本質をいう言葉である。しかし、釈尊はそうした我の不変恒常なるもの、無常の存在論を受け容れなかった。たとえば、儒教という考え方はまさにそれと密接に関係する。それは、この肉体は滅んでも、なお永続する我の本体というように観念する。それには釈尊はそうした存在自体を否定したのである。

以上のように、釈尊が語る無我の主張はあくまで冷静に営まれた人間吟味の結果からうち出された説かれたものである。空想的、独断的、想像的、希望的観念、願望等は窺われず、人間を対象とした思想的立場の表明であって、徹底して無我説を提示した。それが釈尊の人間解釈であり、しいては自然観、宇宙観、存在観、認識観、霊魂観へとつながっていくのである。

義と武士道ならび現代人の宗教観

最後に、沢庵に戻って一言述べて結びに代えたい。彼の主著『玲瓏集』『結縄集』を中心に、その他『東海夜話』『理気差別論』（明暗雙雙集）『安心法門』を参考にして、「生死観」をさまざまな角度・視点から文字を追って追究してみるのも一つの方法論である。本著に登場する人物は実に数多い。その中のほんの数例を挙げれば、釈尊、達磨、孔子、孟子、老子、古嶽、道元、一遍、法燈、盤珪、法然、宗二等の名が目に付くだけでなく、広く三教（儒教・仏教・道教）の思想に関する論考、意見が散見されて出てくる。一書を繙くだけでも、そこには『中庸』『論語』『法華経』『万葉集』『史記』『孟子』『六祖壇経』『金剛経』『四書・五経』『老子』『荘子』『遺教経《ゆいきょうぎょう》』その他朱子（一一三〇～一二〇〇）による注釈書・語録等が引用され、沢庵独自の自家薬籠中の方便説教に使われている。いずれもすべてが断片的な話し方に終始し、結論までに論理的に順序を追って追究された論考は見当たらないというのが本当のところである。これでは沢庵個人の思想とは一体何なのかを見定めることは至難の業である。そのためには、まず彼の「生死観」を支えてその背後に窺える「気」「理」の理気二原論の把握内容を知る必要が重要だという点は明らかである。そしてもう一点付け加えれば、沢庵は『玲瓏集』の中で、生命ほど大切なものはないという。ところが、この惜しむべき生命を捨ててでも武士として主君の恩義（たとえばその親族、妻子、家族たちの養育などを考えると、一つとして主君の恩でないものはないと沢庵は捉えた）に報いるに、時に義を立てなくてはならない場合がある。主君のために戦場に臨んで自ら生命を捨てる。これは義のために死ぬ者で、義ほど貴いものはないとまで断言している。しかし、私見するに、「死」には、「選んだ死」とか「強《し》いられた死」とか、また武士の義、誠の道としての理念に掲げられた、いわば正しい目的に沿った死というものが、はたしてあるだろうか。一つの思想や理論、理想のための死がはたして正当な死だと位置づけられるだろうか。

死んでしまえば、何もかもが無くなることは誰が考えても自明の理であり、人間は生きていてこその物種だと思う。もちろん、この時代にも「生きても、死してものこらぬ事ならば生きたがまし」という思想はあった。

沢庵は次のように説く。人間には欲と生命と義の三つがあり、最も重んずべきものは義だという。すなわち、義の本質は、天の理（万物が生成する自然の道理。人間生まれながらの本性）である。これを人の身にうけて性《せい》という。あるいは徳といい、道といい、仁と呼び、義と名づけ、礼と名づける。時と場合によって呼び名が変わり、はたらきも違うが、本質はただ一つであるというのである。

さらに次のように高説は続く。これが仁と呼ばれて、人との間柄にあるときは、そのはたらきは、博愛である。また義と書き換えて、人と人との道理の位置にある場合は、そのはたらきは明晰な判断として是非を誤らないことである。たとえ死んでも、「死の道」（なんのために、どのように死ぬか、という意義・道理があり、それに即した場合は決して無駄な死、つまり犬死《いぬじに》などという事にはならないという考え方がある）に合っていなければ、義ではない。

ここまで読み進んでくると、沢庵が亡くなった後間もなくして生まれた山本常朝《じょうちょう》（一六五九〜一七一九）のあの『葉隠』の最も有名な一句「武士道といふは、死ぬ事と見付けたり」を思い起こす。『葉隠』は病死、事故死、自殺、自然死ではない自発的な自分の自由意志の選択による美学、行動の哲学、そうした生死の根本的な問題について、実に爽快な決断を下している。

そこでいえることとは、武士道における死とは仏教の教えるような、霊魂が転々と他の生を受けて生まれ変わり、永遠に迷いの世界をめぐるという輪廻転生思想などは微塵も窺えない。武士とは死を前提とした死の職業とでもいえる。平和な時代になっても、死は武士の行動原理としてあり、武士が死を恐れ死を避けたときには、もはや武士ではない。それに比すると、われわれの現代社会では、死はどういう意味を持っているかが忘れられている印象を覚える。つまり、忘れられているというより、敢えて死を真剣に考えることを避けている。なぜなら、誰も自分が死ぬということを、遠い将来の先のことと考え、自分のことではなく他人事のように思いたいのである。しかし、山本常朝のように毎日死を心に当てて生きることは、毎日の生を自己の生命として最大限に生かしきることにも通ずることも決して看過できない点である。『葉隠』にいう「武士道といふは、死ぬ事と見付けたり」（第一段階）とは、また同時にその裏に「人間一生誠《まこと》にわずかの事なり。すいた事をして暮すべきなり。夢の間の世の中に、すかぬ事ばかりして苦を見て暮すは愚《おろか》なることなり。この事は、悪《あ》しく聞いて害になる事故《ゆえ》、若き衆などへ終《つい》に語らぬ奥の手なり」（聞書第二）。人間の一生なんて短いものだ。とにかく、したいことをして暮らすべである。つかの間といえる仮のこの世にあって、いやなことばかりして苦しい目にあうのは愚かしいことである。もろちん、このことは悪く解釈しては害になることなので、若い人などには結局のところ話すことのできなかった恩義・秘伝といったものである）という理念が真髄として秘め蔵されている。そうした楯の両面を持った生ける哲学、生き方、身の処し方だと理解したい。一見矛盾した論理のように聞こえるかもしれないが、生を味わうならば、死の観念を完全に忘却のかなたへ押しやり、一瞬でも死を考えないことだ。生死観といっても、生の中で考え感じられた死論の数々であり、すべては生者の世界から想像・願望されてくる死のイメージだからである。

なお、二〇〇八年五月三十日の読売新聞の記事には、「宗教観」をテーマとした読売新聞社が実施した調査「日本人」で、興味のある報告結果が示された。それは「死んだ人の魂については、『生まれ変わる』が三十パーセントで最も多く、『別の世界へ行く』が二十四パーセント、『消滅する』十八パーセントがこれに続いた」との調査記録である。これによると、再び人間に生まれ変るか輪廻転生によって生まれ変わると信じる人が三人に一人いる。肉体がなくなっても別次元の世界に生まれ変わって生命または霊魂は何らかのかたちで存続すると信ずる人が四人に一人いる。そして現代社会のような合理的科学精神が常識となっているかに考えられる現代人でも、肉体の消滅と同時に霊魂も消滅すると信ずる人は驚くほど少なく、僅か五人に一人という数値となっている。

また、調査で「自然の中に人間の力を超えた何かを感じることがあるか」と尋ねたところ、五十六パーセントが「ある」と答え、「ない」は三十九パーセントだった。「ある」はすべての年代で五割つまり半数を超え、四十歳代の六十パーセントが最も多かった。「宗教を信じている」人では七十パーセント、「信じていない」人でも五十一パーセントが「感じることがある」と答えた。自然を畏れ、敬う気持ちは先祖崇拝信仰も含め日本人に共通し、日本人の高い宗教心、信仰心の形成に影響を与えている。そうした諸点から考察すると、現代人にあっても、死後往生、極楽浄土観にみる霊魂の存続を願望するイメージ世界が、想像以上に根強く一人ひとりの心の中にあるように思える。

注

(1) 市川白弦『沢庵』(日本の禅語録十三)講談社、一九七九年、一一五〜一一七頁。
(2) 三枝博音編纂「理気差別論」『仏教家の自然観　医学家の自然観』(日本哲学全書　第七巻)第一書房、一九三六年、一三〇頁。
(3) 『沢庵和尚全集』(第五巻)、日本図書センター、二〇〇一年、七頁。
(4) 同上、九頁。
(5) 宮裡祖泰『澤庵禅師法語』木村書店、一九四二年、一三四〜一三五頁
(6) 同上、一三四頁。
(7) 同上、一三六〜一三七頁。
(8) 『沢庵和尚全集』(第五巻)二頁。
(9) 孔子は「まだ生を知らず、焉《いずく》んぞ死を知らん」(まだ、生きている人間の道さえ知らない者が、どうして人間の死のことがわかろうか。死を知らんとする前に生を知れ)と言われた。たしかに孔子のいう通り、生存時のことが分からない人に、死後のこと、それも霊魂の有無などのことが分かるはずがないのももっともなる至言である。
(10) 『沢庵和尚全集』(第五巻)十三頁。
(11) 中村元監修『新・仏教辞典』誠信書房、一九九三年、三六七頁。
(12) 茂木健一郎『生きて死ぬ私』筑摩書房、二〇〇八年、三五〜三六頁。

（13）　増谷文雄『仏教概論』（現代人の仏教十二）筑摩書房、一九六五年、八三頁。

参考文献

増谷文雄『仏教概論』筑摩書房、一九六五年。

野村耀昌編『日本の宗教』宝文館出版、一九六一年。

伊藤古鑑『六祖大師法寳壇経』其中堂、一九六七年。

石井重義『死をみつめて─宗教探索の旅』サンケイ新聞社生活情報センター、一九八八年。

國鳩一則『死生観』公論社、一九九五年。

永六輔『大往生』（岩波新書）岩波書店、一九九四年。

諸橋轍次『中国古典名言辞典』（講談社学術文庫）講談社、一九七九年。

中村生雄編『思想の身体─死の巻』春秋社、二〇〇六年。

井上円了『霊魂不滅論』国書刊行会、一九九九年。

藤原新也『メメント・モリ』情報センター出版局、一九九六年。

郡順史『私釈「葉隠」論語　武士道の証明』擢書房、一九七八年。

奈良本辰也『武士道の系譜』中央公論社、一九七一年。

古川哲史『葉隠の世界』思文閣出版、一九九三年。

三島由紀夫『葉隠入門─武士道は生きている』光文社、一九八二年。

岩上進『葉隠死生観』明徳出版社、二〇〇二年。

岩上進『葉隠処生観』明徳出版社、二〇〇一年。

大道寺友山原著、加来耕三訳『武道初心集』（教育社新書）教育社、一九八九年。

鈴木格禅『正法眼蔵　生死　提唱』大法輪閣、二〇〇六年。

松浪信三郎『死の思索』（岩波新書）岩波書店、一九八三年。

宮田登『霊魂と旅のフォークロア』（宮田登　日本を語る七）吉川弘文館、二〇〇六年。

久野昭『日本人の他界観』吉川弘文館、一九九六年。

中西進『日本文化と死』新典社、一九八九年。

柳澤桂子『生と死が創るもの』草思社、二〇〇七年。

第六章　鈴木正三の生死観

はじめに

本章では、鈴木正三（一五七九～一六五五）の主著『驢鞍橋《ろあんきょう》（上・中・下）』を取り扱い、そこで終始一貫して語られる「生死観」の問題、つまり受け止め方、把握の内容に立ち入って理解を明らかにすることが考察の狙いである。正確にいえば、この三巻は必ずしも彼の著書ではない。江戸期における正三の晩年の説法と問答を、弟子の恵中が師の示寂後にまとめ編集したものであることを予め一言お断りして述べておきたい。

正三は早くから生死の問題に悩んだ。それは、幼少時の四歳の頃で、近所にいた従兄弟の死が原因している。従兄弟の死を契機として、正三が成長した後々にも意識の潜在下に深く巣くい、引きずっていた、死の観念が、時折り頭をもたげて起きてくるのであった。正三自ら、自分の事に触れて「…我元より死を忘れぬ性なり。どこに有っても油断せられまじ。人に勝れて只死ぬがいやな性なり、是によって果眼には用いたるなり」[1]と語っている。しかし、そこには次の法要の際に、正三が「…死ぬ事を忘れずして、念仏申しめされよ」[2]と図らずも言った言葉が何よりも雄弁に、死から離れる方法として念仏をひたすらに唱える事の大切さを教えている。正三が死の恐怖から目を逸らさず、真正面から取り組み、至り着いた選択は、果たし合いの時のような心を堅固に保持した、死をも恐れない、無我無心に徹し、禅定三昧境に突入するが如き眼を見開いた勇猛心の念仏になることであった。そこに正三は死の超克を見付けたのであった。

つまり、正三がたびたび口にする「死に習う」「死に習はるべし」とは、仏教知識によって納得できる問題ではなかった。正三の死生観の神髄は、同時に成仏観への道でもあり、ただ勇猛の心によって鍛え上げていく、生死を離れる機、気合いの念仏にこそあり、それは法然などの念仏往生観のように悟らぬ悟りが肝心だというところにその特色が窺われる。要するに、正三のいう仏法とは教典・語録での理解解釈とはまったく別で、ただ歯を喰いしばって、死ぬこと一つを極める、そうした仏法世法共に忘れ果て、はらりと手を打ちたたくが如くに成る成仏を勧めており、娑婆の念を去り、「習う外ない」坐禅の機力を用いた「禅定の機」[3]を覚え、鍛錬して体で習う念仏にあった。

そもそも「生死事大、無常迅速」とは禅家の常套語であるばかりか、生死を明らむるは広く仏家における一大事の因縁である。そうした観点から、正三自身は死の覚悟を如何に受け止めたのか。

つまり生死を離れる最大最上の方法とは何か。死なぬ身とは何か。すでに述べたが、正三自ら「我元より死を忘れぬ性」「只死ぬがいやな性なり」と語るところの「死の一字を胸の中の主となす」ことの真意とは何か。死に習うとは何か。端的にいって、正三は、苦を離れ後世を願うことは死して後のことにあらずと説く。そうした正三の死生観・成仏観・安心観の根本思想を、つまり「死ぬこと一つを窺むる」その究極点に関し、たとえば「気合い」を持って「死ぬ事を忘れずして、念仏（南無阿弥陀仏）申す」ことの意味を考えてみたい。

死に習う

まずはじめに、『驢鞍橋』の本文の中から「死に習う」という箇所に焦点を絞り、問題点を拾い上げ、その関連する文章の幾箇所を引挙しつつ論考を進めたい。

「…一日去る遁世者来って修業の用心を問ふ。指示して曰く、万事を打置いて、唯死に習はるべし。常に死に習って死の隙を明け、誠に死する時驚かぬようにすべし。」[4]

「死に習はるべし」には、死ぬことに熟達するという意味と、絶望的な勢いで鍛錬するという二重の意味を持つ。これは正三独特の言葉だといえる。

そこで『大辞林』には、「習う」という言葉について、どういう説明が付されているかを見たい。

そこには、次のような記述がされている。①知識や技術を他人から教わる。②繰り返し練習・学習する。「習う」と「教わる」という二つの動詞は教師から積極的にじかに教えられる場合に用いる。これに対して「学ぶ」は人から教えられる場合だけでなく、学ぶ者が書物や人の行動などから間接的に学ぶ場合もある。また、道順など単純なことを教えられるときは「教わる」しか使えない。

そしてさらに「ならう」を「習」と「倣」の二つの表記に分け、「習う」は〝人から教わる〟の意。「倣《なら》う」は〝手本としてまねる〟の意。「傚う」とも書く。端的にいえば、傚＝倣＝習の関係であり、三者ともナラウという意味が基本にある。そうすると、習うには知識や技術を教え教えられることにより伝達することができるということが判明する。そしてさらに主体的・積極的という付帯的意味が備わって、同じことを幾度も繰り返し反復練習し知識や技術なりを身に付けるという行為へと転化される。また同時に、人から人へと直接的関係、コミュニケーションを取らなくとも、「習う」には間接的に自分のものとして身に付けることも可能であることも暗示される。ただし、実際問題として言えば、「習うより慣れよ」という諺があるように、物事は人から習うよりも実際に自ら試行錯誤し工夫を加え経験して慣れたほうがよく覚えられる、という解釈も一方にあることも忘れられない。

この含みのある奥が深い諺にぶつかったとき、ようやく一歩、正三の「習はるべし」の意味の読み取りができてくる。とはいえ、死とは明らかに体験して習うということはできない。体験した時はすでに死者となってしまっている訳で、その時は「習う」という言葉、行為はもとより意味をなさない。とするなら、「死に習はるべし」とは、何時、何処に起きるかもしれない予測できない、見えない、仮に言うならば〝何者か〟〝無底の深淵〟に向かって、死の瞬間までギリギリ一心不乱に絶えず死する時に驚かないように心の準備・覚悟をする心を、つまり諦観を養うことだと言いえよう。それが正三の言う成仏観そのものであり、安心して死ぬ心を指して言っているのであって、極端に言えば、打ち笑って死ぬる心境になりきることなのである。それが正三の説く悟りであり、それには、「無念無想を体とする」とまで提示するのである。そのために、次々とさまざまに心の底から湧いてくる煩悩を消滅する最良の方法として、機（気合い）をたて、眼をすえて、仁王・不動尊が悪魔降伏の形相の、勇猛心の気合いを受けて煩悩に勝つことだというのである。いわばそれは、十二時中、浮心を悪行煩悩を滅すべく、自ら強く眼を著《つ》けて、拳《こぶし》を握り、歯ぎしりして「禅定の機（気合い）を鍛え出す」そうした仏道修業なのである。

もう一度、ここで正三自身の口から出た説法を、現代語訳した言葉に置き直して直接に参入理解してみたい。

ある日さる遁世者が来て、修業の心掛けをたずねた。師は示して言われた。「万事を捨てておいてただ死に習われることだ。常に死に習って死を自由にし、真実死するときにあわてぬようにすべきである。人を救い、理論を示すときには知恵も必要である。しかし、自分の成仏のためには何を知っていても害にしかならない。ただ馬鹿になり切って念仏して死に習われるということが肝要である」。そこで遁世者は言った。「『盲安杖《もうあんじょう》』をいつも読んでいますが、これなどを見ることも害になりますか」。師は言われた。「見て覚えるならばすべて害である。ただ念仏して死をたやすくせねばならない」。また遁世者は、「自分には悪心もなくなり、欲心などもありません」と言う。師は言われた。「少しばかりの心の整理がつくと、これでよいと思い込みがちなものである。どれほど無欲になり、善人になったとしても、この世間を楽しむ心、また自分の身を思う心のなくなるはずがない。しかしこの心を離れなければ、すべてが輪廻の原因となる。この心を滅するには、身心は敵だと思ってきっと睨み付け、念仏して攻め滅ぼす以外にない。別に理論のいることでもない。地獄に行くも、天国に行くも、他人の力で成仏するものでもなければ、他人に引かれて地獄へ落ちるものでもない。ただ、今いった心が、引っぱって行くのである。……この心を離れて不生不滅であるのを成仏という。このように、自分で心の根を整理し尽くして成仏するのである。どうして傍《かたわ》らからあんたの心を滅してやることができようか。てごわく目を見張って、南無阿弥陀仏、南無阿弥陀仏と命の限りに、ひた押しに押して、心の根を切り尽くすことだ。一般に、はなはだしい悪心や、かないそうもない望みは、やむものだ。しかし、さりげなくあるものがある。心の根を切り尽くすことはむずかしい。であるから、この五尺の体を仇敵とし、念仏して念じ殺しなさい。これが心の根を切る修業である」。遁世者は言った。「それではこの身を捨てることと心得ておくのでしょうか」。師は叱って言われた。「心得ておくのではない。仏道というのは身心を整理し尽くすことなのだ」(5)。

ところで、「習う」には、秘事などを習得体得すること、また習得した秘伝ということも意味としてある。しかし正三の「習う」ことの意味はまったくそれとは関連しない。またさらに、「学習する」という意味でもない。たとえば、「学びて思わざれば則ち罔《くら》し（「論語・為政」：教えてもらうだけで自分で考えないのは、しっかり身に付いたことにはならない。学問には自主的な勉強、思索が必要である）」とか、「学んだ時にこれを習う亦説《よろこ》ばしからずや（「論語・学而」：教えを受けたり書物を読んだりして学んだことを、折りにふれて繰り返し学習することによって身につけていくのはなんと楽しいことではないか）」という学習的態度の在り方を説いたものでもない。さらには、行動・様子などが他の人や物と同じになるようにする模倣、真似をすること、ある形に似せるといった意味でも元よりない。勿論、ある心の状態に近づけるといった意味でもない。それは万事を放下無心に徹する所に急処があり、「死を習う」ということすら忘れ果て、生死の念からも離れる事を勧むる仏法修業なのだといえよう。

「…悦びて死にめされば成仏なり。成仏と云ふは心安く死ぬ事なり。然る間、彼を殺す毎に、我が胴骨を推折られて、共に死習ひ死習ひして、打笑って死なるゝほどにせらるべし。……我も万徳の事、誰にも習はざれども、自由に死なれざる事を苦にし、さまざま練鍛《ねりきた》ふとして此の旨を知るなり、吾が法は臆病仏法となり。」（喜んで死なれたら成仏だ。成仏というのは安心して死ぬことだ。であるから、生きものを殺すたびに、自分の胴骨をへし折られて、ともに、死に習い死に習いして、打ち笑って死ねるほどになさるがよい。……自分もあらゆる働きのこと、誰にも習わなかったが、自由に死ねないことが苦になって、いろいろと鍛練して、その意味を知った。自分の仏教は臆病仏教だ。[6]）

「…仏法と云ふは、只今の我が心をよう用ひて、今用に立つる事なり。成程心を強ふ用いるを修業とす。心の強ふなるほど次第に使はるゝなり。大きに勤むれば、大きに徳有。少し勤むれば、少しの徳有り。…只悟を求めずとも修し行じて徳に至るべし、となり。[7]」

「…一日去る侍に示して曰く、始より忙わしき中にて坐禅を仕習ふたるが好きなり。殊に侍は鬨《ときのこえ》波鬨波の中に用ゆる坐禅を仕習はで叶はず。鉄砲をばたばたと打ち立て、互いに鑓先《やりさき》を揃えて、わっわっと云ふて乱れ逢ふ中にて、急度《きっと》用ひて、ここで使ふ事なり。なにと静なる処を好む坐禅か、加様の処にて使はれんや。そうじて侍はなにと好き仏法なりと云ふとも、ときの声の内にて用に立たぬ事ならば、捨てたがよきなり。……亦曰く、諸芸皆禅定の機を以って作す事なり。……然るに仏道修業の者は、常住抜かさず此の機を用ゆるなり。此の故に、一切に負くる事なし。次第に鍛錬し、熟するに随って、謡《うたひ》いや拍子の様なる事にも合い、万事に相応して万徳円満なり。是の如く用ゆるを仏法と云ふなり。[8]」

「…一日僧問ふて曰く、如何にしてか仁王の機を修し出すべきや。師答えて曰く、只死ぬ事を仕習うべきなり。我若き時、大勢の敵の中へ駆け入り駆けいりして死習ひけるが、是はやがて入られたり。またここ二三人鑓を構えて居る処に懸りて、胴腹を打抜れて、死んで見るに死なれず、何としても入身《いりみ》に成、うの頸を取り、鑓を切折抔して負けられず、この如くさまざまに死にならふとしてこの機を知るなり。(9)」

ここで正三は、自らの白兵戦の生死を懸けた体験談を持ち出して、死を覚悟で死を修め習われることが如何に「機」（気合い）の修身には肝心かを切々と説く。つまり修業の用心とは、仏道修業にあってもまったく同様のことだが、事において狼狽せず、うろたえ者とならず、急度《きっと》死を窮め目を据えて供を作す、そうした気構えを意味する。言い換えれば、気合いを入れてやれば、古則公案も、陀羅尼《だらに》も、念仏も皆同じことだと正三は言う。さらに言葉を補い、キリッと気合いを活発にしようと思うならば、達磨《だるま》の顔をにらみつけて、にらみ坐禅をするのがよいと説く。それは生死《まよい》という悪魔を拒否するためであり、心が生じるということが実は生死という悪魔が入り込む瞬間なのだと言う。

以上のように、勇猛心の気合いを抜いた、機の沈んだ公案、陀羅尼、念仏など役に立たない、というのが正三の持論である。したがって正三の仏法、修業とは、すべからく「用に立つ」ものでなければならないというのである。

る。

死の想い――死を忘れるな（メメント・モリ）

翻って、そもそも何故、正三が、死について声を大に強調し、説法・講筵の合間合間に執拗までに説法するかといえば、それには訳があった。すなわち、そのことに関し、次のように記されてある。

「…我は匐《はい》廻るころより、機を抜かさず、四歳の時、同じく四歳になる従兄弟死す。我この時、さて死したが、どっちに行ったか、何と成ったぞと、ひしと疑起こりたりなり。(10)」

この一節は、ある僧のなまけたる様子を見て、叱《しか》って言ったときに正三の口を突いて出てきた言葉である。ともあれ、この一文によって正三が従兄弟の死により真剣に死を考える要因となったことが知られる。そしてその時の従兄弟の死は正三の心の中に決定的影響を与えることになった。すなわち、以後、正三が成長するに及んでその記憶は忘れ去られ消えるどころか、逆に一層心の奥深く、意識の潜在下に深くひきずっており、それが聴き書き『驢鞍橋』の中で短い言葉ながら端的に書き留められている。

「…我元より死を忘れぬ性なり。どこに有ても油断せられまじ。人に勝れ只死ぬがいやな性なり。是によりて果眼には用いたるなり。(11)」

「…一日老婆二三人来たり、法要を問ふ。師、我何にても教ゆべき事知らずとなり。やや有りて、不図《はからず》云はく、しぬぞよ、しぬぞよ。死ぬ事を忘れずして、念仏申しめされよ、となり。[12]」

ところで、人間の生涯において、必ず誰れかれを問わず、例外なくすべての者に死が平等に訪れて来る。初めがあれば必ず終わりがある。これほど確実で分かりきったことはない。そうして、死とは愛する者同志、親子兄弟姉妹をはじめ親族血縁縁者、そして入魂の特別の間柄であった者にあっては最も悲しくいとおしいものである。もう顔を見たくとも見られず、逢って語りたくとも二度と決して逢うことのできない永遠の別れを意味する。時は一度過ぎ去ったら元に戻らず、不可逆性の性格を持つものであり、人もまったくそれに同じである。これは永遠の真理である。生ある者はすべて時が来れば消滅変化するものであり、時々刻々に無常の存在である。たとえば生々滅々を繰り返し世は事も無しのように見えても、個々なる生命は一度死すれば、その存在生命は代替できず、存在は消滅し再生することはありえない。そこには奇跡が起きない。仮に仮死状況の人が奇跡的に生き返ることがあったとしても、それは完全に致死に至ってなかったというだけの道理にしか過ぎない。したがって、人間の死とはもともと厳粛なものであることが分かる。

以上述べたことも含め、生命、人生は一回限りという諦観的現実的な存在認識に立ったとき、ヨーロッパ中世のキリスト教徒たちは「メメント・モリ」（死を忘れるな）とお互い口々に言い合うとともに、座右の銘としたことが、正三の死に対する死生観の自覚と併せて、同時に深刻な問題として思い起こせる。

この箴言は修道院の壁に掲げられたばかりか、修道僧が持って歩く旗にも掲げられたという。実はこのことは、一人の人間として生死を真剣に考えるとき参考になる重要な点である。なぜなら、生あるものには必ず寿命があり、早かれ遅かれやがては時が来れば死の旅に就く運命にあり、ただの灰燼に帰する存在と化するからである。つまり、人は「死への存在」として一瞬一刻、何者かに生かされているという自覚があってこそはじめて、生命の有り難さ、生きる事の有り難さ、生きる意味を実感できるのである。そして、有難いという、生かされていることへの無量な感謝の念が自然に心の内より湧き起こったとき、そこに至ってようやく真正面から時の大切さ、貴重さを自覚するとともに、今までと違った視点から真剣に生き抜くというか、面白く、楽しく、味わうように自覚・実践するようになる。[13]

正三自身も同様、死の自覚の動機は追究することは別としても、死の問題・課題に四つになって取り組み、日常生活の中で如何に自分なりに納得のいく心の持ち方で超克を目指したのか、そのことが克明に拝察できるのである。弟子恵中は、正三の仏教における根本問題が「生死」であったことを、次の一文で如実に証言している。挙げておこう。

「…亦曰く、必ず死をはっしと守るべし。我常に是一つを云ふなり。正三何年生きても死より別に云ふことなし、となり。[14]」

むすび

そこで正三は、死の超克を何をもって、どういうところにその急所・真髄を見いだし、成仏観を心三寸に抱き死に向かっていったのかを考察したい。結論から先取りして言えば、それは念仏往生観にあった。すなわち、称名念仏による阿弥陀様に救いとられる行為にあった。正三は、死後・後世往生を期せず、ただ、今、ここにおける現世往生に首尾徹底し、そこにこそ死の超克を見いだし満足する道を、自らの実験体験をとおし選び取っていったのである。それが果たし眼坐禅、仁王坐禅、如来坐禅、土禅門《つちぜんもん》（只土に成りて念仏を以って死に習はるべし）と種々に言い表されるものだが、それは一言でいえば、機（気合い）を抜かない、強い気合いで、ただ一筋に念仏を唱えるところにあった。

正三において何一つとして安楽な死に方はなかった。現代の医療現場でよく言われる「安楽死」という考えは正三にはなかった。それを云々することすら論外である。ただし、「只念仏を以って不死を軽くすべし[15]」「此の蠕袋《うじぶくろ》を敵《かたき》にし、念仏を以って申し滅すべし。是れ念根を切る修業なり[16]」とする念仏観を常に持っていた。たとえば、武州鳩谷の宝勝禅寺で近在の百姓数十人が集まっていた法莚では、「農業を以って業障を尽すべしと大願力を起こし、一鍬《ひとくわ》一鍬に、南無阿弥陀仏、南無阿弥陀仏と耕作せば、必ず仏果に至るべし。只天道《てんどう》に万事任せ奉り、正直を守って私の欲をかわくべからず。然らば亦天道の恵みにて、今世後世ともによかるべし(17)」と具体的に分かりやすく対機説法《たいきせっぽう》をする。

また同じくその場で、次のようにも説示している。いったい、ただ死ぬのは楽だと思われるのか。腫れて死ぬのも苦である。下痢して死ぬのも苦である。虫に刺し殺されるのも苦である。熱病で死ぬのも苦である。結局、一つとして安楽な死に方はないと言うのである。

また、正三は、ある日、次のようにも言った。

「だれもかれも死を忘れて、今日生きれば明日も生きると思っている。だれもかれも死ぬのは今ではないと思っている。非常に愚かなことだ。そのように思っていた者も、みな死に失せたのである。彼等も時を知らなかった。あんたがたと同様に考えていた連中だ。この理をわきまえることなく、かりそめの身体を、自分のものだと思い、かりそめの娑婆を、自分の娑婆だと思い、あわてることもなく、無限に楽しむつもりだ。このように思いもかけぬところに、突然エンマ大王の使いが忽然と現れ、五臓六腑を責め破り、命を責め取る。そのとき眼はくらみ、耳はがんがんなり、舌はひきつり、全身に死苦がせまる。苦しみの堪えがたいのみならず、命の惜しさ、娑婆のなごり惜しさというもの、非常なものがある。前も後ろも真っ暗で、どこへ行こうにも道がない。その時に後悔してもはじまらぬのだ。心はいよいよ途方にくれ、死出の山の大難は堪えがたく、往生を信じる心を失って、死後、畜生のように暗黒から暗黒に陥り、そのまま餓鬼、畜生に生まれることとなる。それは口惜しいことではないか。いやどうも、おそるべきことだ。これほどの大事を持ちながら、それを忘れて、たわごとの世の中にうつつをぬかしているのは、大きな油断である。よくよく考えて、この大事を平生手もとにおさえて、見守ることである。決して一大事を忘れて、世間において気抜けしてはならない。(18)」

さらにまた夜話に言った。

「大慧禅師［補記：（一〇八九～一一六三年。名は宗杲《そうこう》。中国南宋初期の臨済宗楊岐派禅僧。師の圜悟克《えんごこく》勤《ごん》（一〇六三～一一三五）の法嗣で、公案禅・看話《かんな》禅の大成者。なお、道元が中国に渡り、初めて天童山にのぼったときの景徳寺の住持は大慧門下の拙庵徳光《たくあんとつこう》（?～一二〇一～四）の法を継いだ無際了派《むさいりょうは》（?～一二二四）であり、ついで径山を訪ねたときの住持が同じく拙庵の法燈を受けた浙翁如琰《せつおうにょたん》（生没未詳）である。したがって道元は最初の二年間で大慧派の公案禅を学んだことになる。ここに出典する句は『大慧普覚禅師語録』（三十巻の中にある二十九巻、答黄知県書にある言葉）］は生死の二字を鼻先において忘れてはならないと教え、博山禅師［無異元来《むいがんらい》。中国明代の禅僧（一五七五～一六三〇）。その著『博山禅警語』は白隠や鈴木正三に影響を与えている。下の句はこの書にある言葉］は死の一字を額にはりつけよと示されているが、これはてごわい教えではない。鼻の先につけよ、額にはりつけよというのでは預かりものである。だから、敢えて言えばこの大慧や博山なども、まだ、生死の大事をてごわく胸にたたんで徹底修業した人ではない。言っていることが弱い。自分が言うならば、死の一字を胸の中の主人公にして、万事を投げ打って守ることだと教えるであろう。」〔補記：鈴木鉄心編『鈴木正三道人全集』（山喜房仏書林、昭和五十年）の扉部分に口絵篇四に、「死」と一字墨書した正三道人遺墨が載っている〕それからやや間をおいて正三は言った。「それでもまだぴったりといかない。足の下にキッと踏みつけて守れば役立つ。毘沙門天のアマノジャクをグッと踏みつけいる像の姿が、その証拠である。[19]」

ここでもう一度、正三の気合いの入った勇猛心に燃えた念仏（南無阿弥陀仏、また時に墨書して信者に与えるとき、「南無大強精進勇猛佛」と書き示している）唱名とは一体、如何なるものか。その片鱗をのぞかせる一連の文章から逞しく想像してもらいたい。

「…まず念仏を申さんは、念仏に勢を入れて、南無阿弥陀仏、南無阿弥陀仏と唱ふべし。是《か》くの如くせば、妄想、いつ去ると無く自ら休むべし。[20]」

「…修業とはいかなる事なりや。師答えて曰く、我《が》を尽くす事なり。また問ふ、土《つち》にはなにと成候や。師答えて曰く、基方が胸の中の知解《ちげ》、妄想《もうそう》を、ことごとく打捨て、南無阿弥陀仏、南無阿弥陀仏と道理を申しけし、我《われ》を申して虚空《こくう》一枚に成るを、土に成りて成仏する修業と云ふなり。[21]」

「…只念仏を以って、胸の中の塵ほこりを、払捨、払捨する事を勤さするなり。この如く勤めて、仏法世法ともに忘れ果て、ハラリと手を打ちたたく如くに成を成仏と云ふなり。[22]」

「…万事を放下して、南無阿弥陀仏、南無阿弥陀仏と息を引切り、引切り、常に死習ひて安楽死ぬる外なし。只強く念仏すべし。沈み念仏申すべからず。総じて強ひ機には病が付かぬものなり。[23]」

そこでの「気合い」（機）とは、万事に「始めより終わりまで、ただこの機一つをもって、生死を離れる事であって、生死さえ離れればそれぞれがそのまま即仏成仏なのである」と正三は語る。だから、この気合い一つを持って成仏すべきであり、見解《けんげ》などということも、さして用には立たない物だと教える。その意味で正三の死生観とは、同時に成仏観だとも表現できる。それは、いわゆる仏教的知識とか見解よりも、ただ勇猛精進の心を起こして、善悪の心などは共に打ち払い、打ち払いして、鍛錬して鍛え上げていく。そうした生死を離れる気合いの念仏であり、それは法然などの念仏往生のように悟ろうとしない、悟らぬ悟りが肝要だと主張するところの成仏思想である。(24)

ここでこれまで論述してきた諸要点を一つにまとめて、分かりやすく言い換えて表現すれば、大方次のようになろう。

正三が言うには、自分が臆病であるから、ただ死ぬことが厭で修行するのだ。こう一言のもとにいうべきだ。また言った。自分はいつもこのことばかりを言っている。そのうえ『万民徳用《ばんみんとくよう》』『麓《ふもとの》草分《くさわけ》』にも絶対の心に到達することを書いている。しかるにこれをいつも守っていく気合いがないから、あなたたちは答えることができない。皆私の言うことを聞いておりながら、他の法語や語録を読み覚え、ああだこうだと、よその詮議ばかりして、私の言うことの真意が分かったものは一人もいない。皆は仏教趣味ばかりだ。私はそうした仏教など知らない。ただ、死なぬ身と成ること一つに努力しているだけである、㉕と。

以上、正三のいう仏法とは語録での理解とは別で、ただ歯を食いしばって、死ぬこと一つを極める、そうした仏法世法共に忘れ果て、はらりと手を打ちたたくが如くに成る成仏を勧めており、娑婆の俗念雑念を去り放下着し、「習う外ない」坐禅の機力を用いた禅定を覚え、鍛錬して習う念仏にあった。すなわち、「只今の我心をよう用いて、今用に立る事㉖」を説く仏法であり、悟ろうとする必要などなく心を強く用いることを修行する、つまり「只悟を求めずとも、修し行じて徳に至る」そういう念仏観に支えられていた。翻って、逆に言うと「只死なぬ身と成ること一つ」「只死ぬことが厭になって修する」との意味は、また「死ぬぞよ、死ぬぞよ。死ぬ事を忘れずして、念仏申しめされよ㉗」との表現となって説かれる。それに比して、「死への存在」として西欧的実存哲学の思惟概念の中で把握するのも、死を超克しようとする救済論の一試論かもしれない。

それはさて置き、正三の念仏観には明らかに日本浄土教念仏の本流とは視点を異にする、傍系ともいえる念仏観が一部窺えるのも事実である。要するに、「死に習う」とは如何に一瞬一瞬を、死の恐怖、凡見、迷盲から自己脱出し、生死を離れた虚空一枚の境地を実践し現出するかにすべてが懸かっていたのである。それは死に徹する、死に成り切り極める地点にまで、死を修練していき、一切の心の煩悩を殺し尽くし、そこに至ることが生死観・念仏観・成仏観であったと考察される。

正三が常に念仏を唱えていたのは簡潔には「我が南無阿弥陀仏、南無阿弥陀仏と云ふは、放下着、放下着と申すなり」[28]という意味でもあり、放下着《ほうげちゃく》（一切を捨て去る謂）と唱えるよりも、念仏を常に唱えた方が耳に碍《さわ》りがないからであった。そして身を捨てるというのは煩悩である欲望の執着から離れ、心を無、無、無にすることであった。執着ということさえ離れれば、身体はあっても邪魔にはならないという考えからであった。

ここで念仏に関し一言補足しておきたい。それは『驢鞍橋』の下巻を読むと、正三が唱えた念仏は、いわゆる六字の名号・南無阿弥陀仏の口称のみだけでなかった。ある時には正三は、一僧に名号を「南無大強精進勇猛仏」と墨書し、さらに「南無精進軍仏」「南無精進喜仏」の六字尊号の二仏名も左右に書き添え与えていることから、こうした正三が創り出した仏名号にも彼の唱えた念仏観の思想的背景の片鱗が読み取られるのである。

一方、厭なことをすることこそ、身を捨てることで、ことに修行というのは手強い心で励むことであるから、出家よりは侍の方が適当だと正三は言う。なぜなら、まず、主君に仕えていれば心に油断がない。常に剣の大小を持ち、いざというときの気合いが自然に備わっている。正三は六十一歳の八月二十七日には、はらりと生死を離れ、確かに本性にかなった心境に達した。その時の心は、ただ無し無し無し、と踊ってばかりいたい気持ちであった。そのように『驢鞍橋』第十三段に恵中により記録されている箇所に注視にすべきであろう。

このことに関し、もっと砕いた幅広い解釈で表現すれば、「仏道」とは一切の仏教仏法等を考慮の対象としていない事であり、いわば「身をも娑婆をも、ぐっと忘れ果てらるべし。総じて仏道と云うは一切を思わぬ事なり」[29]というようにも説かれてくる。

最後に、修行観について、正三自身の確固とした基盤的考え方の一節を提示して、この論考の筆を置きたい。それはある日の葬式の折、示して言われた次の言葉である。

「…いやしき小刀なれども、三年の功によって名剣となる。何事も功を尽くさば必ず徳備わるべし。殊に修行など、功を尽さで叶はず。ここをもって思ふに、祈禱の様なことも、また弔《とむらひ》いの様なことも、功を積まずんば功徳と成るべからず、となり。」[30]

注

(1) 唐木順三編『禅家語録集』(日本の思想10) 筑摩書房、一九七四年、二三三頁。
(2) 同右、二二五頁。
(3) 新保哲「鈴木正三の思想と実践―『驢鞍橋』を中心として―」『日本思想史』晃洋書房、一九八九年、二六八〜二六九頁。
(4) 『禅家語録集』一八二頁。
(5) 右、一八一〜一八三頁。
(6) 同右、一九八〜一九九頁。
(7) 同右、二〇〇〜二〇一頁。
(8) 同右、二〇九〜二一〇頁。

(9) 鈴木鉄心編『鈴木正三道人全集』山喜房仏書林、一九七五年、一七六頁。
(10) 同右、一八三頁。
(11) 同右、二四九頁。
(12) 『禅家語録集』二一五頁。
(13) 新保哲編『日本福祉のこころ』北樹出版、二〇〇二年、五頁参照。
(14) 『禅家語録集』二四七頁。
(15) 同右、一八一頁。
(16) 同右、一八二頁。
(17) 同右、二〇五〜二〇六頁。
(18) 同右、二〇七〜二〇八頁。
(19) 同右、二〇八頁。
(20) 同右、一八八頁。
(21) 同右、一九三頁。
(22) 『鈴木正三道人全集』一六四〜一六五頁。
(23) 同右、一六五頁。
(24) 「正三と法然」については、拙著『日本禅思想』所収の第一部第三章「鈴木正三道人」の箇所参照。
(25) 『禅家語録集』二一九頁。
(26) 『鈴木正三道人全集』一六二頁。
(27) 『禅家語録集』二一五頁。

(28) 同右。
(29)『鈴木正三道人全集』一六四頁。
(30)『禅家語録集』二二九〜二三〇頁。

[付記]
定本は鈴木鉄心編『鈴木正三道人全集』(山喜房仏書林、一九七五年)を使った。
テキストの引用文を読みやすくするため仮名の部分を平仮名に改め、また送り仮名の足りない部分を補ってある。
それには全面的に唐木順三編『禅家語録集』(筑摩書房)により統一してあることをお断りしておく。

第七章

才市の生死観

妙好人浅原才市（一八五〇〜一九三二）の安心は、日頃死に対する考え方や、それに基づく生き方を決定していた。すなわち、才市には死の恐怖や不安はまったくなくて、彼にとって死は如来様の家（浄土）に帰ることであった。したがって浄土は単なる死者の赴《おもむ》くところではなく、念仏に生かされた人が、即今只今、南無阿弥陀仏にて往生することであり、それは才市が『定本 妙好人才市の歌』（楠恭編、法蔵館）で「わたしはなむあみだぶの中におります」と語るように、仏様の懐《ふところ》の中で仏に抱かれて往生するということである。そして念仏往生とは、助かろうとすることではなく、「助けてあるをいただくばかり」と彼が歌う如く、もうすでに機法一体でいつも仏様と一緒であり、助かっているんだという事実に気が付くこと、そして同時にその事実を素直にそのまま戴くことが肝要だというわけである。それを仏法だと才市は言っているのであって、この南無阿弥陀仏に抱き取られ一緒にいれば、そのことが即今只今その場において浄土往生であり、正定聚不退の位に住することを意味している。したがって、南無阿弥陀仏は生死を超えた久遠の生命だといえよう。簡単にいえば、往生とは死んで詣るのじゃない。「死なずに詣る親の里」「生きて詣るお浄土さま」「わたしやりん十《臨終》すんで葬式すんで　浄土に心住ませて貰うて　なむあみだぶと浮世におるよ」「臨終すまぬさきに詣る極楽」と才市の口から歌われる。いわゆる娑婆の世界がそのまま往生極楽なのであり、その機法一体の仏法の中に才市の死生観の根元が秘められ根差している。だからそうした機法一体に目を向け気付き、そこへ還れといっているわけである。言い換えれば、阿弥陀仏の称名の中に抱かれ、久遠の光に照らし包みとられ、今、ここの場において生死を超えた永遠の生命を味わい楽しむ世界に才市は生きていたのであった。つまり生死の不安のない、生き通しの無限に開かれた生命観・宇宙観が才市の眼前に日々展開されていたことに、われわれは気付かされるのである。

ところで「ほとけのみな《御名》をひらきつつ」とは、念仏の家（才市は阿弥陀様が自分の家で亭主は私であると、具象的比喩をもって阿弥陀の世界を身近に感じ描いている。たとえば「なむあみだぶが　わしがゑ《家》で　てゑす《亭主》もわしよ　なむあみだぶつ」）に取られ、いながらにして、これが浄土極楽の証しの世界で、才市の生活・勤め仕事のすべてを弥陀様の心の中に味わっているのである。それは安堵安心のある「弥陀の浄土」の生き証人の体験者なのだ。それを才市は「わたしや　しやわせ　ねんぶつのもん《門》にとらわれて　すなわち上《浄土》をどのくわ《果》をひらく　なむあみだぶつ」（㈢第六ノート）と歌い、また「りん十《臨終》わ　たのしみのたね　いまがりん十《臨終》　なむあみだぶつ」（同上）とつぶやき、そして「わたしや　うれし　ろくじ《六字》のあかりもろて　うれしや　なむあみだぶつ」とか「あんどわ《安堵》　あんしん《安心》のしん《心》・・みだのしん《心》　みだにもろをたなむあみだぶつ」（同上）と、心の内のありのままの気持ちを、飾らず正直に、誤字をも気に介せず、平気で書き留めて告白するのである。そうした感覚感情は、才市においては如何なる多言の説明もまったく不必要であった。ただ「うれしや」「ごおんうれしや　なむあみだぶつ」「よろこんではなむあみだぶつ」「わたしやしやわせ」等の結びの各一言が、何よりも雄弁に、今抱いている才市の阿弥陀様の有難い不思議な念仏世界を、端的・率直に言い表しているようである。

さらに、才市の生死観を論ずるなら、現世往生だということを、見事に次の一首が語り尽くしている。「くをん《久遠》から　しやば《娑婆》にでていまはろくじのなむあみだぶつ」（同上）。すなわち、それは六字名号の永遠の真理が有限無常のこの世に我と共に現れ来たって、有限でありつつも無限無量の生《い》命《のち》に浴し与らせて頂いている法悦・法楽・法喜の〈よろこび〉〈しあわせ〉の意を伝えている一文と解されるのである。つまり才市自身のもっと的確な言葉を貸りれば「死なぬ里」（死なない生まれ故郷の謂）であり、たとえば「しなのさと《死なぬ里》　わしがをやさましなぬさと　しなのさとこそなむあみだぶつ」（㈢第十ノート）と表現され歌われてくる。

ところで次にいえる点は、才市の念仏世界は蓮如が阿弥陀仏に成れば、蓮如がご開山親様にもなり、親鸞がまた蓮如にも成り変わるのである。たとえば「ごかい三《御開山》さまれんによ《蓮如》さま」と綴り、「ねんぶつわしやか《釈迦》によらい《如来》さまにあみだによらい《阿弥陀如来》さまに　わしにきたのがなむあみだぶつ」と歌う才市においては、釈迦も阿弥陀様も〈如来〉と一体であり、すべて〈南無阿弥陀仏〉の才市のお念仏の心の中に、同時存在して区別がつかない混然一体となって連結されている。一種の一大宇宙世界マンダラ〔曼荼羅〕の観さえも想像させしめる。すなわち、才市の念仏世界は八万四千にも変わる心をもち、三千世界というべき広大な十方世界の法界諸仏に包まれそして唱えられる南無阿弥陀仏の一大パノラマパンティオン的世界の展開である。ときには御開山様、蓮如様、親様〔阿弥陀とも才市は称する〕も、親にも子にも才市の念仏信仰世界では入れ替わって詩に歌われることも多いのである。たとえば、拝む信仰対象の大悲大慈の親様が、ときに才市自身が親様となって念仏を唱えている、そうした自分に気付くこともあった。示そう。「をがむ、たいひ《大悲》のをやさまわ、わしがをやさま、なむあみだぶつ」（〔二〕第六ノート）、「れんによさまわ、このさいちがれんによさまで、なむあみだぶつ」（〔二〕第六ノート）。そして才市においては、それには理由説明は不必要であったことが次の詩に示されている。曰く、「明ごわ《名号》、ふしぎなじひで《不思議な慈悲で》、がてんがいらの《合点がいらぬ》、がてんのいらの《ぬ》がなみあみだぶつ」（〔二〕第六ノート）。

　上記の内容はすべて念仏唱名・念仏相続を今、ここの場所において、永遠の生命に触れ味わう喜びの世界を表していることはお分かりであろう。また、報謝の念仏とは才市にとって、そのような現実現世の生きて躍動している今、ここの場所的空間で展開され、極楽と感じ「ぶうとんほをしゃ《仏恩報謝》このままこころがごくらくなむあみだぶつ」（㈢ 第七ノート）と、歌われる歓喜法悦にどっぷりひたり、ひたっている状態さえ忘れ、〈よろこび〉〈たのしみ〉〈うれしさ〉を仏の慈悲の心に触れた瞬間感ずるが、そうした感情すらも特別ではなく当たり前に心の中に湧き起こり、気にも留めなくなった身の上で日々過ごせる安堵の世界である。以下、そうした意味を表す語句の歌を連記しておこう。

「くわんき《歓喜》わよろこびのしん正《身上》よし　しなをかゑたりさまをかゑたり　なむあみだぶつなむあみだぶつ」

（㈢ 第七ノート）

「ごかい三《御開山》さまよきしと《人》で　なむあみだぶとをがまれて　わしもいん《今》ましてもらう　なむあみだぶつなむあみだぶつ」（㈢ 第八ノート）

「なむあみだぶをあじやう《味をう》わ、こころもうたれ　みもうたれ　これがあなたのなむあみだぶつ」（同上）

「ほをしや《報謝》ねんぶつあじよてみま正《味をうてみましょう》……」（同上）

「なむあみだ　ごくらくほ《極楽報土》をとのなむあみだ　このさいちゆ《(を)》ほを《報土》どにするあみだ」（同上）

「ありがたいありがたいぶつ　ぶつわなむあみだぶつなむあみ」（同上）

「わたしやごでん正《御伝鈔》さまをよをぼゑん　こんなさいちをぼゑるじやないわのごでん正さまわごかい三《御開山》さま　ごぶん正《御文章》さまわれん《蓮如》によさま　をやさまわなむあみだぶつさま　へへをわりがと《おありがとうございます》あります　これがをやこ《親子》このこころなむあみだぶつ」（㈢ 第四ノート）

第八章

日本人と霊魂

―柳田国男著『先祖の話』―

柳田国男にみる霊魂観

日本人の霊魂観を考えるに当たり、幅広い実証的証拠文献を例に挙げ、かつ整理し、要点をおさえて記してある柳田国男（一八七五～一九六二）の『先祖の話』を参考とするのが一番順当であろう。この著は全体で八十一の小項目より構成されている。そこには幾多の問題意識が交錯し文脈を成しているものの、一貫している点を指摘すれば、死後の問題である。つまり霊魂の観念のさまざまな考え方を、それも単なる想像の世界にとどまる恣意的考察・感想ではなく、わが国民の固有信仰と結び付け、生活の中における霊魂の去来、所在の在り方に触れている。そこに日本人の霊魂観を浮き彫りにした。

ここでの柳田の視点は、仏教渡来以前からみられた日本人の文化・民間伝承の中にあって、実感のともなった新鮮味のある霊の諸相に対する受け止め方、意味理解の諸例を、まったく意図的に叙述したものである。その意味では、死後往生、極楽往生などにみられる魂の救済を、浄土念仏者の如きに厭離穢土《おんりえど》・欣求浄土《ごんぐじょうど》を熱心に求め修道したのとはまったく違っている。

柳田に従えば、「死の親しさ」が西洋人とは違って格段に窺われ、「日本人の多数が、もとは死後の世界を近く親しく、何か其消息に通じているやうな気持ちを、抱いて居たといふことには幾つもの理由が挙げられる」と述べている。平たく言えば、この世からあの世へ行くこと、すなわち霊魂（死霊）の去来が完全に自由であったということは、われわれ日本人の固有の信仰形態として指摘可能である。しかも、ではその霊が完全に救われたかといえば、そうとはいえず、霊魂の不滅という自覚は、霊自らが明らかにその行く場所も知らなかったというのが本当であろう。たとえば、「沖縄諸島などでは、あの世のことを後生と呼んで居るが、それを事の外近い処のやうに考える」（六五…あの世とこの世）とするのが柳田の率直な意見であった。

ところで、柳田は日本的な霊魂の在り方の特徴を四つに分け、次のように説いている。

第一には、死してもこの国の中に、霊魂はとどまって遠くへは行かないと思ったこと。第二には、顕幽二界の交通が繁く、いわば招き招かれることが容易だと考えていたこと。第三には、生きている人間の今際の際の念願が、とにかく死後には必ず達成されると思っていたこと。第四には、これによって、子孫のためにいろいろの計画を立て、さらに三たび生き代わり、同じ事業を続けられると思ったこと、または「七生報国《しちしょうほうこく》」の願いにみられる霊は死後この国土にとどまって、徐々に神となるという点に尽きる。つまり先祖という一つの力強い霊体に融け込んで、自由に家のため、国の公のために活躍するのである。

以上にみる霊魂観念は、観念の観念でなく、ごく普通にわれわれの先祖が生活に密着して考えていたことであり、いわゆるわが国に固有の氏神信仰を基礎づける霊魂観念であったのである。

特に柳田の目的は、第一の点を説くことにあった。彼は次のように言っている。

「私がこの本の中で力をいれて説きたいと思ふ一つの点は、日本人の死後の観念、即ち霊は永久にこの国土にうちに留まって、さう遠方へは行ってしまわないという信仰が、恐らくは世の初めから、少なくとも今日まで、可なり根強くまだ持ち続けられて居るといふことである」（一三…先祖祭りの観念）

まさに至言であるが、ここでの問題指摘に補強し、言及したかったのは、「先祖がいつ迄もこの国の中に、留まって去らないものと見るか、又は追々に経や念仏の効果が現はれて遠く十万億度の彼方へ往ってしまふかによって、先祖祭りの目途と方式は問はずには居られない」（同上）という点にあった。

ここで作者・編者不明の『一言芳談』（一三三九年）という念仏者の法語の中から拾って、後世往生について考察してみたい。私の調べた結果では、ここに登場する人物だけでも三十名いる。

中から高野の明遍僧正（名は空阿。初め法然の弟子、のち高野山にのぼる。明遍聖の祖。貞応三（一二二四）年没す）を引き合いに出すと、本書で彼は登場回数は法然上人に次いで聖光上人と敬仏房と並び二番目に多いばかりか、念仏による浄土往生を説く発言は一番多い。その明遍僧都は明らかに仏僧であり、念仏者である。柳田は彼を取り上げ、仏教本来の思想と日本人の土着信仰との接点で、日本的仏教の一展開を示唆し、次の如きに語っている。

「昔高野の明遍僧正といふ僧は、父の十三年忌の追善をしようといふ兄弟の勧めに断固として反対したという有名な話がある。死んで五年も七年も交道の巷に流転し、仏果を得ることもならぬように心得るのは、仏の御心にも背くことだというのが理由で、彼らの信仰ではもう夙くのむかしに、浄土に往生して居なければならぬのであった。盆の場合でも同じことだが、一方に念仏供養の功徳によって、必ず極楽に行くということを請合っておきながら、なほ毎年〳〵戻って来て、棚経を読んでもらはぬと浮ばれぬやうに、思はせようとしたのは自信の無いことだった。」（二三…同右）

霊魂に近い語彙で魂魄《こんぱく》というのがある。これは人間は生きているときは魂と魄とが一体となって付き合っているが、死ねば離れるという意味が隠されている。柳田はこれを次のように説く。謡曲の「実盛」に、「我実盛の幽霊なるが、魂は冥土に在りながら、魄はこの世に留まりて云々」とあり、同様に、「朝長」の霊の言葉には、「魂は善所におもむけど、魄は修羅道に残りつゝ」と語っている例を出している。ここで柳田の言いたかったことは、こういう「魂昇魄隆」説は、まだほかに能の幽霊などにも窺えるが、多分に輸入的要素があり、しかも全霊の救済になっていないところを見れば、実は仏者の教えを裏切っているという主張見解である。

「牡丹灯籠」と北斎にみる魂の遊離現象

幕末の世相を描いた浮世絵師の歌川派の歌川豊国（一七六九〜一八二五）の作品となる『絵本開中鏡』の中巻の最後には、名高い怪談「牡丹燈籠《ぼたんとうろう》」の原話が、豊国の凄艶な絵と月成の才筆で展開される。

この「牡丹燈籠」の物語は、この世の深く激しい愛情がきわまって、死んでも魂魄はこの世にとどまり、幽冥境を異にした愛人のもとを慕って訪れてくる怪談の筋書きの型である。もともとは十四世紀の中国文学にあった「牡丹灯記」であり、日本で一七世紀に翻案して怪談に作り出したものとは異なる（高橋鐵『浮世絵―その秘められた一面』光文社、一九七〇年、百八十五頁）。

また同じく江戸後記の浮世絵師葛飾北斎（一七六〇〜一八四九）について述べると、その長女お栄は、父の没後、心さだまらず江戸から蒸発し、門人や親戚を流浪した上に、父に遅れること八年、北陸の金沢で病死したという定説がある。問題は、このお栄に見守られて北斎は昇天したのであるが、そののち、机の中から、「人魂《ひとだま》で行く気散《きさん》じや夏の原」という彼の辞世の句の俳句が発見されている。

この一首は、この俺も、やがては死んで、人魂となって夏の原に気晴らしに行くだろう、という意味であろう。つまりこの浮世絵師の魂も、死期の中で魂魄に遊離現象を信じていたことを証左している（同上　百六十三頁参照）。

仏教・神道にみる霊の世界

翻って仏教の教義の中にみられる三界万霊の在処とは一体那辺を意味するのか。つまり三界とは生死流転する迷いの世界を三段階に分けたもので、簡単にいえば、欲界・色界・無色界の三つである。具体的に説明すれば、①欲界は淫欲・食欲の二欲を有するものの住むところで、この中には地獄・餓鬼・畜生・修羅・人・天の六趣（道）がある。②色界は先の二欲を離れたものの住むところで、ここでは物質（色）が示す世界を表す。③無色界は物質を厭い離れて、四無色定を修めたものが生きられるところである。これもまた天界に属するが、ここで最高の非想非非想（処）天を最上と称している。

こうして概観してくると、盆の招霊の時期に仏僧が棚経――盂蘭盆のとき、死者の精霊を迎えて祭る精霊棚の前で僧が経を読む――を行う対象は、まさに①のいまだに浮かばれず浄福浄化されない光明の届かぬ者たちの霊魂の世界に符合する。これと関連して忘れてならないのは、われわれが仏壇という場合、神道の方では、この木主を位牌と呼ぶことを嫌って、別に新しく白木の四角に個人の名を墨書きしたものを作り、これを神棚の左右の端に安置し、それをわれわれの先祖は「みたま」と言っていたのである。しかしもっと太古の時代に遡って、わが日本人の神ながらの固有の信仰形態はどうであったかと想像するとき、恐らく田の神とか山の神を祭る、そういう際に畏怖し、恐れ敬う祖霊への極めて人間臭い感情の精神世界が存在していたといえよう。

柳田は控えめな表現ではあるが、仏教渡来以前の霊魂に対する対応の仕方について大変興味深い記述をしている。そこでは御霊が御座を頼って降下静遊（遊魂）し往来する霊の活動を認めている。

「我々の先祖の霊が、極楽などには往ってしまはずに、子孫が年々の祭祀を絶やさぬ限り、永くこの国土の最も閑寂なる処に静遊し、時を定めて故郷の家に往来せらるといふ考えがもし有ったとしたら、その時期は初秋の稲の花の漸く咲かうとする季節よりも、寧ろ苗代の仕度に取かかろうとして、人の心の最も動揺する際が、特にその降臨の待ち望まれる時だったのではあるまいか。」（三〇…田の神と山の神）

家には世を去った人々のみたまを、新旧二つに分けて祭る行事とその信仰があったことを、今のわれわれはまったく忘れ去ってしまった。仏教はわが国民の観念をよく理解し、それと調和習合することを、古来より一貫しての方針としていた。しかし行き過ぎた面もあった。たとえば村の氏神・鎮守の祭典は尊重したが、家々の先祖祭りや墓の管理には始終口を出した。反面、死者に対し厚くすることは、人情の自然にも合致したので、その方面での追善供養や呪文祈祷は盛んに行われた。だが、鎌倉新仏教者・親鸞などは生前から「親鸞は父母の孝養のためとて、一遍にても念仏まうしたること、いまださふらはず」(『歎異抄』)と断言しているくらいで、そもそも仏教本来の教えは無我説であるから、霊魂の存在の有・無を論じないというのが建前で、その線上で説かれている。

すなわち仏教の発祥地インドでは、仏教は「個人我」であり、それは呼吸を意味し、個人を統一する中心の名とした。一方この個人我は万人に共通すると見なし、宇宙原理とてのブラフマン(brahman 梵)と同質と考えるようになり、そこから梵我一如の思想が生ずる。そこでのアートマン(ātman 我)に対し、アナートマン(anatman 無我、非我)の立場を唱えたのがブッダとその弟子たちである。この無我説は体のどこにも我はないという立場から出発する。しかしアートマンを完全には否定せず、永遠不変な固定的実体としての存在があるのではなく、一切の存在は相依相関の縁起の関係によって生じたものであるという主張を強調するために、無我と称した。したがってブッダは、日常生活における行為の主体である自己を指す時、アートマンの語を用いたのである。

他方、仏教は真理探求の理性的思惟実践の宗教であるから、アニミズム――人間はじめ、動植物や自然界の諸物にも霊魂が存在するという信仰。そしてアニミズムと死霊崇拝とが合わさると祖先崇拝となる――的要素はまったく見ることはできない。しかし四世紀頃に呪文を中心として経典の成立、七世紀に密教成立によって、中国に仏教が受容されてから特に輪廻転生・因果応報説が喚起された。たとえば盂蘭盆会《うらぼんえ》（Ullabana）・施餓鬼会等の展開となる。そして日本に渡来してから、中国化されたアニミズム的要素を含んだ仏教が『古事記』『日本書紀』『万葉集』の持つ日本固有の民間信仰の霊魂観に融合され、いつの間にか、それらが仏教の中に吸収されていったのである。だが、そういう仏教の背景が『祖先の話』の中では直接触れられていないのは残念である。

第九章
山頭火の生死観

今、ここに生命を、永遠を

山頭火の生死観は何かと聞かれたら、答えは現世往生思想である。決して死後往生には期待を掛けていない。それは現世浄土観思想が日記の至るところに散見されるからである。彼の全日記の中で最も端的に顕著に表明している文章とは、次の短い一節に認められる。

「私は来世を信じない。過去を放下する。私はただひたすらに現在を信ずる。即今——永遠の刹那を充実すべく全身を尽すのである。

宇宙霊を信ずるけれど個人霊を否定する。……個は全から別れ、そしてまた全に合するのである。この意味に於て生は寄であり死は帰である。……

（私の信念として）」（『一草庵日記』昭和十五年八月十七日、死の直前五十四日前の日記、享年五十八歳）

もともと仏教思想それ自体においては、死後の霊魂の有・無に関し、実体は無いとして無我説である。したがって、肯定も否定もしない。実体は無いという意味から無我説の立場をとる。それ故、現世を肯定し、現世浄土観とみる見方は、死後の極楽浄土観が期待されない以上、ただ今のこの生命の限りに全心身・全精魂を打ち込んで、一瞬一時を充実し、できるなら有限の今、ここに永遠の真理・永遠の時を体験することに生き甲斐を感じ取ることになる。また、そのことは同時に彼の幸福感とも密接に結び付く。山頭火は「すっぽりと過去をぬいだ、未来を忘れた。今日のここ、この身のこのまま極楽浄土だ」(『其中日記』)と日記に綴る。そこで人間が不生不滅の絶対生命体であることを悟り、永遠無窮に生き通しであり生き続ける宇宙的霊性に同化する時、霊魂不滅というより、生命不滅の音の調べを通し、また光に完全にわが身心が融け合って無となった歓喜の体験をしてみて、初めて生死一如の実感を得るのである。

日本には、旅から旅へと漂泊しつつ、一生を終えた芭蕉や西行、そして山頭火といった偉大な歌人がいる。彼らは一期一会の別れの上に物の哀れを痛いほど感じ、そこから心を打つ歌を詠んだ。歌が心を打つのは、紛れもなく生者必滅・会者定離の別れの悲哀においてであり、行雲流水のはかなさゆえである。その帰り行くところに別れがあるのである。そして、死こそはこの世からの別れである。

俳人山頭火の生き方の根底には創作句作に生命を賭けたそこに意義があり、存在理由があったのだ。明らかに山頭火の生死観の認識は、いわゆる仏陀直伝の根本仏教の教説に照らして決して本道から外れている訳ではない。

「温泉はよいなあ、千人風呂は現世浄土だ。」（『其中日記』（一）昭和九年三月十三日）
「入浴三銭、酒弐十銭――これで私は極楽の人となった。」（『行乞記』昭和五年十一月五日）
「酔えば極楽、醒めると地獄。」（『風来居日記』昭和十四年八月四日）
「沈静、朝湯の中で私は私の極楽を感じた。……昼食、小鰯の酢漬、酒三合、私はまた私の極楽を感じた。」（同上、昭和十四年九月二十五日）

山頭火は句作する時、しかも心より満足がいく秀句が生まれた一瞬は法悦を味わう。そこに彼は今、ここに生命を得て生きている、生かされている自分に喜び、そして有難いという感謝の念で一杯になり、心がうれしさに打ち震える。山頭火の今日一日の生活とは、いうまでもなく情熱を持って句作創作にいそしむことである。「句には執着してもよい、それが私の生きぬく道でもある」（『其中日記』）と吐露する山頭火にとっては、自己に徹することが同時に自然に徹することであり、自然に徹することはまた空の世界を体得することを意味した。

彼の空の世界とは、「主観は明鏡止水なり」「客観は生滅流転の相」と理解している。さらに『其中日記』（昭和十三年十月十二日）を読むと、「無我無心。空を観ずるのではない、空そのものになる」

と記し、文章を続けて「意味を持たせすぎる。語りすぎる」ことは良くないという。そしてメモ書きは「事象よりも景象を。景象即心象。感覚を通して魂の表現。説かずして写す。求むるなかれ、探すなかれ。おのづからにしておのれのすがた」と、実に懇切丁寧に心の持ち方・在り方、そして用い方を具体的に教示してくれるのである。

それが彼の今日一日の生活の一切である。しかも「昨日を忘れ、明日を考へない」（同上）まさに道元禅師が語る而今《にこん》底《てい》の考え方・生き方であって、一般人からみれば正常ではないが、彼においてはそういう生き方が最も自然であり、正常であったのだ。しかも芭蕉の言葉にあるように「高くこころを悟りて、俗に帰るべし」（赤冊子）の精神を常に持って山頭火の心に映った自然、そして人間を詠うのである。それは自然を通して、自然の風物に即して人間を表現することに特徴づけられる訳だが、生活を詠うにしても、人間を自然として観賞する境地に立って詠わなければならない。俳句は個性芸術であり心境の文学であり、俳人は現実に没入しながらも、しかも現実を超越していなくてはならない、と山頭火は語る。いってみれば、俳句とは気合のようなものなのだ。

臨済禅師（?～八六七）が言った言葉、「随処作主　立処皆真」（補注――臨済和尚には、「随処《ずいしょ》に主《しゅ》と作《な》れば、立処皆真《りっしょみなしん》なり」がある。その意味は、至るところ、主体性を確立して自在に生き、行動するならば、その立っているところ、その人物のいるところがまさに真如《しんにょ》（仏・悟り）の世界だというのである。この臨済の言葉に、現代人の心の在り方を問い、人生の葛藤や迷いに立ち向かう智慧を与える何かがある）を心のモットーにし、感覚の中に魂を、感覚を通して魂へ向かう行為が山頭火の俳句の心であるといえよう。それを山頭火は逃げられない自分に生まれつき運命づけられた宿業として自覚していた。それには俳句に加えてもう一つ酒があった。酒という物質的なもの、食に関わり胃袋を満たし心身を「ほろほろ酔わせる」酒を断つことが山頭火にはどうしてもできなかった。山頭火は自ら「酒はやめられない。酒を飲むと脱線する。（といって大したことではないが）ほんとうに、うまい、うまい酒、最初から最後まで、うまい酒が飲みたい」と告白するのである。句作に法悦を味わうことも、お酒でほろほろ酔い、それで極楽気分・現世浄土感にひたり、心の芯からこれ以上にない無上の法悦感・喜び・充実満足を味わえたなら、それこそこの世で観念としての生死観から脱皮したことにはならないのか。

私見するに、素直にそうした極楽天国気分を味わえた者においては、すでにそれで成仏成道に達したと、視点を変え直して理解してもよいのではなかろうか。これが、山頭火のいう日本的、日本人的ということではないだろうか。所詮、人間は肉体を媒体にし五官意識を通して、素直に、無意識の中で感じたもの、それは感謝しつつ自然、宇宙の法則摂理を体得してみて初めて、生命の価値の根源に辿り着けると思う。煩悩は煩悩のままにして即菩提・即成仏という立場も、立派な人生観・世界観であって、そこに矛盾・葛藤を覚え、歓喜と悔愧を堂々めぐり・繰り返しの一生で山頭火があった要因には、托鉢禅者・僧侶としての意識を常に心の隅に持っていたからだと推察する。

山頭火の生死観は、それは彼の幸福感とも実に密接に内容的に結び付いてくると考える。しかしそうした点に関して山頭火は気付いていた。『其中日記』に記す「矛盾のそのままの調和、それがほんたうである。人生も自然のやうに」の一文は、広く解釈すると、煩悩即菩提の仏教語に拡大解釈されて生死観にも考え方として影響を与えているように把握する。

そうした視点から捉え直すと、以下に示す山頭火の数多くのメモ書きの文言がおのずと了解されてくる。

「生死も真実、煩悩も真実、苦難も真実、弱さも醜さも愚かさも真実だ。」

「生々、死々、去々来々。」

「空は高く地は広く、山も水も草も美しい。私は幸福だ、生きられるだけ生きよう。」

「――ともすれば死を思い易い。――死を待つ心は余りに弱い。私は卑怯者！と自ら罵った。」

「即今如是如是。自己を求めて不可得。因縁無我。空寂。」

「或る時は死ねない人生。そして或る時は死なない人生。生死去来真実人であることに間違ひはない。しかしその生死去来は仏の御命でなければならない。」

（補記――これは『正法眼蔵』「身心学道」の巻に引かれる言葉で、生死去来するすがたそのままが真実絶対の身であるということ。この身をめぐらして諸悪を離れ、戒をたもち、仏法僧の三宝に帰依して家を捨てて出家することが学道《がくどう》ということであり、その真実であるということのために真実人体というのである。したがって、ただ何もしない身のままで真実というのではない、と道元は説いている。）

「死ぬ時は端的に死にたい。俗にいふ「コロリ往生」を遂げることである。」

「帰って来て、香ばしい茶をする、考へるでもなく、考へないでもなく、自分が自分の自分であることを感じる。――この時ほど私は生きてゐることのよろこびを覚えることはない、そして死なないでよかったとしみじみ思ふ。」

「いのち短かい虫、死を前にして一生懸命なのだ。無理もないと思ふ。」

「私の念願は二つ。ただ二つある。ほんとうの自分の句を作りあげることがその一つ。そして他の一つはコロリ往生である。病んでも長く苦しまないで、あれこれと厄介をかけないで、めでたい死を遂げたいのである。――私はいつ死んでもよい。いつ死んでも悔いない心がまへを持ちつづけてゐる。」

「生死はもとより一大事也。されば飲食も一大事なり、男女のまじはりも一大事也。」

「いつでも死ねるやうに、いつ死んでもよいように、身心を整理すべし。」

「死の用意、いつ死んでもよいように、いつでも死ねるやうに用意しておけ。」

「ほろほろ酔ふた時、私は天国を逍遙する。しんじつ句作する時、私は法悦を味ふ。あゝこの矛盾！　それを克服することが、私にあっては生死の問題だ！」

大山澄太編『山頭火著作集　Ⅲ』（潮文社、平成八年）

『修証義』とその実践感

山頭火の日記を読み続けると、一方で死に対する恐怖・不安を語る。また他方では、禅的諦観による生死観が詠われている。ではその生死観はどこに求められるのか。それは『修証義』に示されている。山頭火は『修証義』の本を手にしており、幾度も読み返して禅における修行と悟りの意義を述べたこの書を愛読していた。

たとえばそうした証拠の一例文を挙げれば「修証義と、観音経とを読誦したが、読誦しているうちに、だんだん身心が快くなった。大地ひえびえとして熱のある体をまかす。このまま死んでしまふかも知れない土にねる」(『行乞記』昭和五年十月十七日)。そもそも『修証義』とはすべて道元の著『正法眼蔵』九十五巻本の中からとった文章であり、編集された『修証義』は、原本から二千字近くを入れ替え、原本よりも約百五十字ほど短い三千七百四字、五章三十一節から成っている曹洞宗宗門にあっては修行僧には欠かせぬ聖典となっているものである。

その第一章総序では、この書全体に説く究極の目的として次のように記されている。すなわち、「生を明らめ死を明らむるは仏家《ぶつけ》一大事の因縁なり、生死《しょうじ》の中に仏あれば生死なし、但《ただ》生死即ち涅槃と心得て、生死として厭《いと》ふべきもなく、涅槃として欣《ねが》ふべきもなし、是時《このとき》初めて生死を離る分あり、唯《ただ》一大事因縁《いんねん》と究尽《ぐうじん》すべし」の一節が挙げられる。ここで謳っている「生とは何か、死とは何か、どのように生きていくべきか、ということを明らかにすることは、仏教者として最も重要なことである」という根本的な立場は、一人道元だけではなく、仏教そのものの立場であることはすでに周知の問題である。要は生死輪廻の迷いの世界の中にあっても、仮に生死をあきらめることができるなら、その人はもはや生死の迷いに支配されず、生死がそのまま涅槃（悟り）であると心得て、生死に対しても涅槃に対しても同じ気持ちでいることができるようになると説く。それが分かったなら、生死を超え、生死の苦悩に責められることがない。そこから現実に悩み苦しんでいる人々のために願って苦界へ飛び込み救済活動に全力を傾けることができるのである。

以上、道元の根本的立場が説かれたのち、人間として生まれて仏法に遇《あ》うことの有難さを自覚し、正しい信仰を持って生活すべきこと、さらに無常・業報について説き至る。そして最後に「当《まさ》に知るべし、今生の我が身二つ無し三つ無し、徒《いたず》らに邪見に堕《お》ちて虚《むな》しく悪業を感得せん、惜《おし》からざらめや（まことに我々の身命は、取り換えのきかない、ただ一つの掛け替えのない貴重なものである。虚しく邪見をいだき、悪い行いの報いとして悪道に堕ちるのは、悲しいことではないか）」、因果を否定することはできないと知って、常に善事に励むべきであると結んでいる。

言い換えて、ここで仏教思想の内容を簡単にまとめて記述すると、次のようになる。「生死即涅槃」の涅槃に至る道とは、一つには限りなく生死を離れて涅槃に近接しようとする独覚的行があり、二つには涅槃に決して安住せずに生死輪廻の浄化に努める行とがある。そうした二つの行が同居している訳である。そして最高に菩薩行を発揮する涅槃の在り方とは、「無《む》住《じゅう》処《しょ》涅《ね》槃《はん》（涅槃に住処することなし)」という語句に代弁できる。つまり、それは涅槃にすらとどまらないで菩薩行を実践する慈悲行である。仏は生死を超脱して、輪廻しないで、涅槃を実現する存在であるが、敢えて自分の存在を菩薩に現して、一切衆生の救済と利益のために日夜働くところに急所の根本がある。この「生死即涅槃」の教えは釈尊の最初の説法、初転法輪に由来する仏教の基本的な立場である。また大乗仏教の教えの極地でもある。

以上、そうした『修証義』を愛読した山頭火は、如何に味読解釈したのか。彼流の仏教理解を、つまり句作と托鉢乞食僧の生活を懸けて生きてきたフィルターを通して、どういった考え方にまで自家薬籠中の物と化したかを、『一草庵日記』からその幾つかを拾って文章を挙げておこう。

「仏家一大事の因縁なり――生死を超越したる境地――無我。無心。愛――無礙遊行――出かけなければならない――何となしに。」(昭和十五年八月三日、死の二カ月あまり前)

「嘘をいふな、飾るな、自他を欺くな。」

「二つの宿願　生きてゐる間は感情をいつわらないこと、わがままといへば、それまでだが、私は願ふ、いやな人から遠ざかって、好きなことだけしたいものである。死ぬ時には、ころりと死にたい、それには脳溢血がいちばんよろしい。」

昭和九年四月末、山頭火は旅先での病の癒えないまま其中庵に戻り、庵で独り淋しく過ごすことの多い日々であった。昭和十年二月には第三句集『山行水行』を刊行する。七月末には、九州への短い旅に出て八月三日に帰庵している。この頃の山頭火の旅は恐らく死に場所を捜しての逃避行の旅であったであろう。昭和十年八月十日の『其中日記』を読むと、「第二誕生日、回光返照、生死一如、自然と自我との融合」と書き始められている。そこには何か決定的なことが起こったのか、心に一大転機が訪れたのか、意味ありげな書き出しである。ここで「第二誕生日」と記されてあるのは、山頭火がこの世で一度死んでしまって、再び生まれ変わったという意味である。

禅では「大死底人《たいしていにん》」「大死一番《たいしいちばん》」（『碧巌録』四十一本則評唱に出典）という。つまり、一度死にきることであり、また死にきった人を意味し、一度壁を突き破って具眼の人・活人と成ることを説いている。つまり大死一番して大活現前する訳である。

次に「回光返照《えこうへんしょう》」とは何か。簡単にいえば、それは自らの内なる智慧の光で自らを証明することを意味する。

さらに詳しく説明すれば、以下のことである。文字通りには光を受けて照らし返すことを指す。回光は廻光とも書き、迴光とも書き、外から来る光の源を、退いて内側に見つける意味がある。中国唐代中期の青原下の僧石頭希遷（七〇〇～七九〇）の詩偈で禅旨を詠った『草庵歌』にあるのが初出である。そこではあかあかと輝く夕日のように生涯を全うすることを象徴している。禅の秘密を問うに、「汝よく返照せば、秘密は却って汝が辺にある」と教える、禅問答の消息にも窺える言葉である。もともとは返照とは残照のことであり、落日の照り返しである。照るとは物を映し出すことであり、照らすというよりも映すと読むのが正しい。それは鏡が物を映すように、それ自ら無色透明ゆえに、却って相手の色や姿をあるがままに映しとる。いわばそれは受動の姿勢であり、また同時に受動を能動へと転ずる、悟りの智慧が照だといえよう。自己を運んで万法を修証するのではなく、万法が来りて我を照らし出すのであり、ズバリ如来が我にありて生きる意味がある。そうした他力に気付いた時の宗教の極処を教えている言葉であると理解する。まず存在の根本を知ろうと思わば、自己自身を知ることであろう。それを禅的言葉で表現すれば、「驀直去《ばくじきこ》（脇目を振らずに一本調子に進め）」「脚下照顧」「自己究明」ということである。

　さて、続いて日記は次のように綴られる。ここには山頭火の生き様そして苦しい心境が生々しい証言で語られている。

「……私はとうとう卒倒した。幸か不幸か、雨がふってゐたので雨にうたれて、自然的に意識を回復したが、縁から転げ落ちて雑草の中へうつ伏せになってゐた。顔も手も足も擦り剝いた、さすが不死身に近い私も数日間動けなかった、水ばかり飲んで、自業自得を痛感しつつ生死の境を彷徨した。……これは知人に与えた報告書の一節である。

　正しくいへば、卒倒でなくて自殺未遂であつた。私はSへの手紙、Kへの手紙の中にウソを書いた、許してくれ、なんぼ私でも自殺する前に、不義理な借金の一部分だけなりとも私自身で清算したいから、よろしく送金を頼む、とは書きえなかったのである。

とにかく生も死もなくなつた、多量過ぎたカルモチンに酔つぱらつて、私は無意識裡にあばれつつ、それを吐きだしたのである。断崖に衝きあたつた私だつた、そして手を撒《マヽ》して絶後に蘇つた私だつた。」

山頭火はカルモチンを多量に飲んで自殺を図ったのが昭和十年八月十日であり、五十四歳のまだ男盛りというべき年齢であった。遡って昭和六年三月二十七日の『行乞記』には「死！　冷たいものがスーッと身体を貫いた、寂しいような、恐ろしいような何ともいへない冷たいものだ」と記している。また、昭和七年四月六日、丁度、五十歳になった時の日記には死はまだ身近に切実なものとなって迫ってはいない感もする。そうはいっても、まったく他人事とは考えられない。そうした死への諦めが付かず、生に未練がまだまだ残っている頃の山頭火であった。

「死！　死を考へると、どきりとせずにはゐられない、生をあきらめ死をあきらめ（補記――『修証義』の総序の書き出しの部分の言葉）てゐないからだ、ほんたうの安心が出来てゐないからだ、何のための出離ぞ、何のための行脚ぞ、あゝ！」

（『行乞記』昭和七年四月六日）

まだこの頃の山頭火は、俳句に少し意味深長な言葉で「旅もをはりの、酒もにがくなった」（同上）と記しているが、正直、まだ貧乏しても何とかして生命だけは生き延びていこうという気力はあった。山頭火は夢を通して自分がまだ生死の覚悟ができていないことを知ったと告白している。

いわく、「昨夜の夢なんかは実に珍妙であった、それは或る剣客と果たし合ひしたのである、そして自分にはまだまだ死生の覚悟がほんとうに出来てゐないことを知った」（同上、昭和七年九月十四日）。

ところで、いつものように旅先の安宿に泊まり、旅の疲れを風呂に入って休め、一時アットホームな心境に心身の芯までひたる。まだまだ山頭火には食欲は十分にあり、味わうことを忘れていない。たとえば同年の『行乞記』には「此宿はよい、昨夜の宿とはまた違った意味で、――飲食店だけでは、此不景気にはやつていけないので安宿を始めたものらしい、うどん一杯五銭で腹をあたゝめた、久しぶりのうどんだつた、おいしかつた」と書き留めている。また、彼の生死観においては、生の生を如何に充実するか、味わうかであり、そのために過去を忘れ、明日はないものと考え、今日の現在があるばかりと思って精一杯に今の我が身の状況を満足して受け入れ、人生を楽しく、面白く、おいしく味わうかという人生哲学で貫かれている。それが俳人山頭火の生き甲斐感でもあった。

次に挙げる一文に「これが彼等の道徳であり哲学であり、宗教でもある」といっていることは、同時に已れに向かって山頭火自身のことを指していっていることでもあると私は理解する。山頭火にとって、やはり死は怖いのである。そのことはまず忘れて、今ここに自己の生命があり、その生をたとえ時間・状況・場所そして周りの環境がどうであれ、それを素直に受け入れて「純真に生きる」「なりきる」ところに人間としての幸福があったのだ。またそこに彼の「生死」を超える一つの生き方の哲学・覚悟があったと私は考察するのである。その一説を引挙して示そう。

「世間師には明日はない（昨日はあつても）、今日があるばかりである、今日一日の飯と今夜の寝床とがあるばかりだ、腹いつぱい飲んで食つて、そして寝たとこ我が家、これが彼らの道徳であり哲学であり、宗教でもある。

人間の生甲斐は味ふことにある、生きるとは味ふのだともいへよう、そして人間の幸は『なりきる』ことにある」

また昭和十年八月の『其中日記』には、「八月十六日　今日も身辺整理、手紙を書きつづける。昨夜もまた一睡もしなかった、少し神経衰弱になつてゐるらしい、そんな弱さではいけない」「八月十九日　身辺整理。今日も手紙を書きつづける（遺書も改めて調整したくおもひをひそめる）、Kへの手紙は書きつつ涙がでた。……肉体がこんなに弱くては――精神はそんなに弱いとは思はないが――仕事は出来ない。……人生は味解である、人生を味解すれば苦も楽となるのだ。……先日からずゐぶん手紙を書いた、そのどれにも次の章句を書き添へることは忘れなかった――余生いくばく、私は全身全心を句作にぶちこみませう。……純真に生きる――さうするより外に私が生きてゆく道はなくなつた、――この一念を信受奉行せよ」「八月廿二日　今日も身辺整理、文債書債を果しつつ」「八月廿四日　……まだ身辺整理が片付かない、洗濯、裁縫、書信、遺書、揮毫、等、等、等」と記し、明らかに山頭火は死の準備をしている。死の予感がどこかにただよう。そして体力もだいぶ落ちてきた感を自覚する。そうした中にあって、一方では彼の句作に懸ける意欲は決して衰えない。いわく「余生いくばく、私は全身全心を句作にぶちこみませう。これこそ私の本音である」。

至道無難禅師の影響

江戸初期に生きた至道無難禅師（一六〇三〜一六七六）の禅録〈言葉〉に「肩あって着ずということと無し、口あって食わずということと無し」「道心の中に衣食あり」という禅門ではよく知られた名文句がある。実は山頭火はこの言葉を知っており、「『道心の中に衣食あり』頭がさがつた。恥づかしさと心強さとで汗が流れた、私の場合では道心を句心と置き換えてもよからう」（『其中日記』）と綴る。私は山頭火の生死観にはこの至道無難禅師の影響が強いと考える。すなわち彼の著わした主要な語録『即心記』と『自性記』があるが、この禅語録を山頭火は借用したか所持したかして愛読し、その思想的影響を受けているように推察する。山頭火の俳句と日記の数々を読み、改めて至道無難禅師の『即心記』の語録と読み合わせてみると、驚くほどに両者の禅的理解が似通っていることに容易に気付くのである。また同時に、『無門関《むもんかん》』からの影響も窺える。

たとえば具体的例文を幾つか挙げると、次の語句が窺える。

「ごくらくをねがふ人にごくらくの玉のうてなはほかになし　いきながら身のなきをしるへし」

（『即心記』）

「無といふもあたら詞のさはりかな　むともおもはぬときそむとなる」（同上）

「無門関を読む。――何もかも無くなりつつある。――無、無、無と究尽すべし。――」

（『松山日記』（二）昭和十五年四月三日、その後、山頭火は六カ月後に他界）

さらに山頭火の生死観を知り理解する上に導き手となる欠かせない一節は、至道無難禅師の次の箇所に簡潔に代弁され言い尽くされていると私は考える。それはいまだ悟りを得ぬ老人と禅師との問答形式で語られ、長文になるが引用するに当たり、わかりやすくする意味で現代語訳で挙げておこう。

「私が仏道とは何かと問ふと、念仏を唱へ、数珠を爪繰《つまぐ》る様子など大分に怪しいので、「どんな人に法をおたづねになつたか」、と聞くと「昔は仏教の教説など習ひましたが、十五年此の方はいやいや教説を習つても、只今にも死ぬかも分からぬのに、その死後の行末を知らぬのは大きな誤りと思ひ、ある僧にお会ひして死後の行末をおたづねしたところ、「それは悟つて知ることだ、悟らうと思つたら、自分の悪業《あくごう》を無くしなさい、悪業を無くさうと思つたら、経を読み念仏を唱へなさい」と言はれ、その仰せにまかせて努めてゐます」と言ふ。私はそこで、「今死んでどこへ生き、どのやうになると思ってをられるか」と問ふと、「極楽に生き、仏になると思ひます」と答える。

「極楽はどこにあるのですか」と聞くと「悪業が尽きれば極楽は現れると伺ひましたので、そのように努力してをります」と言ふ。私はまた、「悪業が無くならぬ前に死んだらどうなりますか」と問ふと、答は無くて、涙を流し、手を合はせて、「お教え下さい」と言ふ。哀れに思つてその老人に、「すべてのことは皆心がする業《わざ》ですよ」といへば、彼は「さうでせう」と言ふ。「心の根本には何があると思ひますか」と問へば、「何もありません」と答へる。そこで私が、「それこそ取りも直さず極楽世界、それこそそのまゝに仏、それこそ我々の宗旨の悟りです。いつまでもその心をお守りなさい」と言ふと、さすがに常々仏道を志した証拠か、「生もない、死もない、万物何一つない、無いと思ふことさへないのです」と悦び、手を合はせて拝んだ。禅はまづ第一に悟るのが先決問題、その悟りどほりに修行をすれば、毎日毎晩、心は安らかになる。お疑ひなさるな。自分の悪業が尽き果てゝから悟るのは正しいが、大へんに難しい。悟りを先づ得ておいてから、身の悪業を無くすのは安らかで易しい。」

（『即心記』）

〈死をうたふ〉山頭火

山頭火は〈死に直面して〉と題し、句作している。それをさらに改題して〈死をうたふ〉と言い換え、付加の句も添え、全部で十一句詠っている。挙げておこう。

死んでしまへば、雑草雨ふる
死ねる薬を掌に、かゞやく青葉
死がせまつてくる炎天
死をまへにして涼しい風
風鈴の鳴るさへ死はしのびよる
ふと死の誘惑が星がまたたく
死のすがたのまざまざ見えて天の川
傷《キズ》が癒えゆく秋めいた風となつて吹く
おもひおくことはないゆふべ芋の葉ひらひら
草によこたはる胸ふかく何か巣くうて鳴くやうな
雨にうたれてよみがへつたか人も草も

（『其中日記』昭和十年八月十四日）

そしてさらに同年の昭和十年九月四日には、〈死をうたふ〉にまた付加して、一句「死がちかづけばおのれの体臭」を詠い足している。また、山頭火は次の如くにも詠う。そこには死の覚悟があっても、それは平常心における山頭火の死の自覚として捉えることもできる。「生死のままが永遠の生命」だとみれば、涅槃として求むるべくもない。生死を明らめたら、春の日の海のような心境となり、宇宙の躍動する大生命として、魂の最高の幸福を求める旅として、我の生死を自然なるものとして受けとられてこよう。

「今が私には死に時かも知れない。私は長生したくもないが、急いで死にたくもない、生きられるだけ生きて、死ぬときには死ぬる、――それがよいではないか。」
（同上、昭和十年八月十九日）

「生は生に、死は死に、去来は去来に、物そのものに任せきつた心境。」
（同上）

ここでいう「物そのものに任せきつた心境」とは何か。すなわち、それは禅語の「任運堂々」「任運無作」にあたる。つまり「任運」とは造化のはからいのままに任せることを意味する。端的には禅家の自在な煩悩放下着・随縁の境地をいっている言葉である。「任運無作」の〈任運〉とは、時運に任することを意味し、〈無作〉は思慮を費やさずしてなすことをいうのである。たとえば人間の笑い一つとっても、無我の立場からいえば、そこには「無作の笑い」「無為の笑い」がある。

以上のように、気張らず、あせらず、時の流れに任せてのほほんと生きる自由気ままな生き方、それは随《ずい》流《りゅう》去《こ》、融通無碍《ゆうずうむげ》、行雲《こううん》流《りゅう》水《すい》（動く雲、流れる水。一つ所にとどまらず、たえず移り変わるものの代表。一所不住を理想とする、行脚《あんぎゃ》生活の譬え。禅の修行者をそこから雲水《うんすい》と呼ぶ根拠となる句）とでもいうべき禅的世界の展開が、山頭火の歩んだ道に顕著に窺われるのである。そうした姿、姿勢が彼の俳句や日記に刻み込まれ詠われていて、何か人を強力に惹き付ける魅力みたいなものを感じるのである。その箇所の文章を列記して挙げておこう。

「生きるも死ぬるも仏の心、ゆくもかへるも仏の心。」（『三八九日記』昭和六年二月三日）

「今日の行乞相はよかつたけれど、それでもそれでも時々よくなかつた、随流去！　それの体現まで行かなければ駄目だ。」

（『行乞記』昭和七年一月九日）

「食べたい時に食べ、寝たい時に寝る、これが其中庵に於ける山頭火の行持だ。」

（『其中日記』昭和十年九月十四日）

「無理のない生活、拘泥しない生活、滞らない生活、悔恨のない生活。おのづから流れて、いつも流れてとゞまらない生き方、水のような、雲のような、風のような生き方。自他清浄、一切清浄。」

（同上、昭和十一年七月六日）

「流れるまゝに流れよう、あせらずに、いういうとして。」（同上、昭和十一年七月七日）

「つゝましく、けちけちせずに。のびのびとして、くよくよしないで。世に旧友ほどよろしきものはなし。」

（『風来居日記』昭和十四年八月二十九日）

「明日は明日の風が吹かう、今日は今日の風に任せる、……好日好事だつた、ありがたしありがたし。」

（『四国遍路日記』昭和十四年十一月七日）

「――放下着、こだはるな、こだはるな、とゞこほりなく流れゆく、――それが私の道ではないか！」

（同上、昭和十四年十一月十五日）

参考文献

種田山頭火『山頭火　日記（三）』春陽堂書店、一九九〇年。
種田山頭火『山頭火　日記（四）』春陽堂書店、一九八九年。
種田山頭火『山頭火　日記（五）』春陽堂書店、一九八九年。
種田山頭火『山頭火　日記（六）』春陽堂書店、一九八九年。
種田山頭火『山頭火　日記（七）』春陽堂書店、一九九〇年。
種田山頭火『山頭火　日記（八）』春陽堂書店、一九九五年。
大山澄太編『山頭火著作集（一）』潮文社、一九九六年。
金子兜太『種田山頭火――漂泊の俳人』講談社現代新書、一九七四年。
古田紹欽訳注『無門関』角川文庫、一九六八年。
市原豊太『無難　正受』（日本の禅語録　第十五巻）講談社、一九八一年。
里道徳雄『臨済録――禅の神髄』ＮＨＫ出版、一九九五年。
吉津宜英『修証義による仏教入門』大蔵出版、一九九九年。

第十章

仏教の根本にある生死の問題

―『ブッダのことば』『歎異抄』―

本多顕彰氏は、その著書『歎異抄入門』（光文社）において、自らの六十余歳の波乱万丈に富んだ数々の人生体験を経て、最も勇気のいる、しかも抜き差しならぬ興味ある重大な発言を呈している。筆者が次のようなことを言うのははばかれるが、確かによく読み味わえば味わうほど同意すべき発想に思えてくる。文は左記のように叙されている。

読者は、死後の生などというものを信じないであろう。私にも、そんなものは信じられない。私にあるのは陽の照るこの地上の生だけである。もしも生きているあいだに浄土に往生するチャンスをつかめなかったら、チャンスは永遠にない。親鸞はそれを見ぬき、いかにして現世においてさとることができるかを説いた。

また、同氏は、三枝博音氏の著述になる「親鸞研究について」という論文で、三枝氏は三木清の論文の要点を紹介しており、そこで本多氏はこの三木論文の一部を引用し同意している。その文とは、

しかし、この超越的真理はたんに超越的なものとして止まる限り真実の教えでありえない。真理は現実の中において現実的に働くものとして真理なのである。宗教的真理は、哲学者の言うがごとき、あらゆる現実を超越してそれ自体のうちに安らう普遍妥当性のごときものであることができぬ。それはそれ自身のうちに現実への関係を含まなければならぬ。

というものである。断っておくが私もまた、三枝博士、三木清氏の思想家としての立場は別問題として、ただここに記述された言葉の内容主旨には多少の言葉遣いの不満はあるが、認めざるをえないと考える。

ところで、恩が重恩として体ごと納得できるとき、その背後または根底にあって自覚させる基本的決定的要因がなければならないが、一体そうせしめる正体は何なのであろうか。私見では、それは人間誰れしもが持つ死に対する恐怖の観念であると思う。死が考えられるためには、反対に生がなければならぬ。しかし生は観念であることはできない。つまり事実として存在しているものでなければ、生は生たるの本来の意味をなさない。将来的に生起する可能態としての未知なるものは、

厳密な意味でもそうでなくとも、生であるとは言えない。生そのものがあって、初めて死という事実現象が起きるからである。したがって、生なくしてまた死すらありえない。しかし、一体生とは何か。同じく、一体死とは何なのか。何を基準にして、何を目標にして、生と言い、死と言うことが可能なのか。それが問題である。だが、死が死として、生が生として意識・自覚されるということは、「考える葦」である人間に限って生が生として、また死が死としてありえるのではないだろうか。

それには人間が言語を持ち、言語活動をする、したがって、言葉を通して思考をすることができる動物だという一点が、まず他の動物とまったく異なる所以である。しかも人間には直立して歩くという特質があり、さらに加えて手足を自由自在に意志に従って動かせるという点において、言語が具体的・実証的確証性を成り立たせる最大原因になっているわけだ。その上、遠くまで物を見通すことができるということからくる眼の発達が数えられる。それだけ指摘すれば、ここでは十分であろう。

要するに、言語を自由自在に操ることが可能であることから生ずる、思考の発達ということに尽きる。それに比すれば、言語を持たぬ動物には生はあっても生が生であるという意識は、決してないであろうし、また死についても同様である。さすれば、人間において生が真剣に問われ、また死が問われるということになる。確かに言語を持たぬ動物、たとえば犬・猫などは、人間と同様に恐怖・驚きの感情はあるであろう。だが人間の持つ恐怖の心像とか観念、同じく驚きの心像とか観念は、ありえないと想像される。

そこで一番卑近な例として、すぐ思い出されるもの、つまり道元の名文句「生を明らめ死を明らむるは仏家一大事の因縁なり」に込められている。すなわち、そこには万人各自に課せられたところの最大なる絶対的悲痛であり、しかも内なる本能的叫び声がある。簡単に言えば、それは「死にたくない、永遠に生きていたい」ということである。しかしそれを繰り返して言えば、たとえば太宰治が小説で「生まれて済みません」と言わせた文句を待つまでもなく、「なぜ生まれたのか、生まれていなければよかった。死などという恐れは感じなくてもよかったのに」ということである。

翻って考えてみれば、実は宗教といっても、それは現実の生きた人間が抱えている「生死の解決の教え」・「生死解脱」・「生き甲斐」という以外の別の何ものでもないといえるであろう。すなわち宗教とは、何らかの信仰・信心を持つことによって、人生を意義あらしめる役割を持つ媒体であるといえるのである。しかし逆な立場から、死後意義あらしめるという表現はできない。というのは、唯一人として死して再び此の世に帰って来た人はいないからである。つまり死後の世界は有るとも無いともいえるが、確実な問題としては断定はできない不可知なるものであるということである。

そこで生が在ることにより死の恐怖観念が起き、そこにさらに深い内省――泣いても笑っても、生はただの一回限りしかないという認識――が起き、さらに「生きている」実感に開眼されたとき、初めて生の意義がこれまで以上に絶対的な価値を持ってくる。そこに恩の自覚が生まれるわけである。そしてそこでの感恩が真実に根底から感動され、身が打ち震えるとき、「死に対する恐れ」を一応了解し、かつ死を迎え入れる心境覚悟に到達したときであろうと思われる。一方、その恐れへの安心立命を与えるのは、世界の諸宗教が説くところの信心とか信仰というものである。それが一応信じられ、感謝の念を持つことができた心的状態に達したとき、恩は単なる恩とは違った、いわば全宇宙に対する恩という計り知れない感恩と成り、孤独者なる個人に絶対的・威圧的力を持って迫ってくるわけである。

他方、表現においては、それは内心の尽きせぬ感謝感激の感情となって法悦の涙と共に泉の如く湧き出ずるということがいえよう。著者が問題にしたかった最大の関心事は、この「生死解脱」を根本問題としたところより生来する恩の意識・恩の感情――宗教的恩の感情――の課題だったのである。なぜなら恩は、もっとも切実な人間の存在の根本課題に関わってくるからである。

さてそこで、本多氏の『歎異抄入門』の中で、劇的で感動的な言葉を使って述べている一節が、私の興味を引く。ではその本文を挙げ示してみよう。

「死ぬのは、こわいことだ」とシェイクスピアの『尺には尺を』の中でクローディオがわめく。彼は、どんな辱しめを受けても地上にいたいと哀訴する。

ハムレットは、死が、その境を越えてなんぴとも帰ってきたことのない未知の世界へ行くことだからこわいと言う。しかし、死の恐怖は、未知の世界の恐怖だろうか。それもあるかもしれないが、それは最大の理由ではない。死ぬのがこわいのは、死が、もはや絶対に生ではありえないからだ。

ユゴーは、『死刑囚最後の日』の中で「人間は不定の執行猶予期間のついた死刑囚だ」と言ったが、人生の悲劇は、遅かれ早かれ死ななければならないところにある。私は、死を思うとき、いつも生まれなかったらよかったのに、という罰当たりな考えにとりつかれる。私は信心深い人たちのように、今生に来世がつづくと考えることは、どうしてもできない。私にとっても、クローディオにとっても、あるのは、陽の照るこの地上の生だけである。来世はあるかもしれない、ないかもしれない。ないというほうがほんとうだろう。もしも、ハムレットの言うように、この世のつぎに未知の来世があるとしたら、クローディオは、「どんな辱しめを受けても地上にいたい」などというみっともないことは言わないであろう。私だって、どんなに落ち着いて静かに生きられることだろう。

これで著者の言わんとする主張の大要は、理解できたかと察する。このように死を個人の最も切実な問題として真剣に考えるのでなくして、どうして感恩も真実に理解できようか。恩といっても、この現実の自己の生命・生き方・生き様・生き甲斐と無関係にありえない。実は、自己の生き方にすべてが関係してくるのである。その意味からいえば、結局、恩といってもその付属性みたいなものといえないこともない。しかし恩の強い意識は、特に日本では特徴的であって、日本人の心の古里であり、かつ日本人の魂が帰って行く場所でもあるといってよいであろう。

ではインドにおいては、死の問題をどのように考えていたのであろうか。それをブッダの教説を通してみてみよう。今ここでは『ブッダのことば』（*Sutta-nipāta*）と『法句経《ほっくぎょう》』（*Dhammapada*）から引用してみる。

まず最初は『ブッダのことば』であるが、この書は、現代の学問的研究の示すところによると、仏教の多数の諸聖典のうちでも、もっとも古いものであり、歴史的人物としてのゴータマ・ブッダ（釈尊）の言葉に最も近い詩句を集成した一つの聖典である。中国・日本の仏教にはほとんど知られなかったが、学問的には極めて重要である。これによって、われわれはゴータマ・ブッダその人の考え方、あるいは最初期の仏教に近づきうる一つの通路を持つことができる。これは韻文の詩のかたちで暗誦の便を図られている。ついでに付言すれば、『法句経』もその一つであるといえる。

『ブッダのことば』では、死についてブッダは次のような意見を語っている。

五七三　この世における人々の命は、定相なく、どれだけ生きられるかわからない。惨ましく、短くて、苦悩につながれている。

五七五　生まれたものどもは、死を遁れる道がない。老いに達しては、死が来る。実に生あるものどもの定めは、このとおりである。

五七六　熟した果実は早く落ちる恐れがある。それと同じく、生まれたものどもは、死なねばならぬ。かれらには常に死の恐れがある。

五七七　たとえば、陶師のつくった土の器が終にはすべて破壊されてしまうように、人々の命もまたそのとおりである。

五七八　若い人も壮年の人も、愚者も賢者も、すべて死に屈服してしまう。すべての者は必ず死に至る。

これだけ引用すれば、例文として十分であろう。日本においても、インドにおいても、人種は異なるといっても人間であることにはかわりはない。したがって、死に対する考え方には、根本的に相違はない。すなわちまったく同じなのだ。死に対する感情は、惨ましく、恐ろしく、苦悩であるということ。そしてそれについては人間であるから皆共に同じく受けている。

また、死とは果実が熟して自然に時期が至って落ちる現象にたとえられ、一方では、土の器が最終的に破壊されることを説いている。そして死を迎えることにおいては若者、壮者、愚者、賢者という相対的な違いには関係しない。それは絶対的な現象であるから、すべての（生きとし生ける）ものは、例外なく必ずいつか死すべき運命に定められているのである。また一般人は、心の奥底では死について、ただ死んだだけで人格も含めた自己の全生命そして人生が完全に終了すると考えてはいないことが、次の一文にて理解できる。

一四一　そうすれば現世においては非難せられ、来世においては悪いところに生まれる。

これは明らかに輪廻転生説を物語っているものである。輪廻転生の考え方は、当時インドにあってどれだけ民衆の生活に信仰され、どれだけの強力な力を持っていたかは、十分な文献資料が手もとにないので具体的・実証的には明らかではない。しかし一般民衆を含むカースト階層の人々の意識下には、かなり強い影響力を持って、彼らの生活、物の考え方、見方を支配・規制していたものと推察してよいであろう。それと同時に、来世観が強く要請され説かれていたことが知られる。その一文を挙げると、次のようである。

二二四　この世また来世におけるいかなる富であろうとも、天界における勝れた宝であろうとも、われらの完き人（如来）に等しいものは存在しない。この勝れた宝は目覚めた人（仏）のうちに存する。この真理によって幸せであれ。

この世に対する来世が公然と説かれているようであるが、その中にあって目覚めた人＝仏こそ、すなわち真理を体得した人こそ幸せであるといっている。別言すれば、人生の意義・生き甲斐は、真理に達することが最高の宝であり喜びであることを説き示しているのである。そこで真理とは信仰を指す言葉であり、また知慧をも指す言葉であることが次の一文によって明確になる。

一八二　この世では信仰が人間の最上の富である。徳行に篤いことは安楽をもたらす。実に真実が味の中での美味である。知慧によって生きるのが最上の生活であるという。

以上の文章と日本の中世鎌倉仏教者の終末論的思考を照らし合わせると、日本仏教浄土観にみる「厭離穢土・欣求浄土」を強調する節が見当たらないのは、インド人と日本人の考え方・思惟方法の決定的相違といえば相違であるといえよう。しかし浄土極楽へ急ぐことは説かなくとも、それに類似するニルバーナ（nirvāna）の境地に到達することを求めていることにおいては同じである。

そこでニルバーナ（涅槃）とは、吹き消すこと、または吹き消した状態をいい、具体的には煩悩の火を焼きつくして、智慧が完成する悟りの境地を指す言葉の意味である。この内容を日本語において代表するならば、それは灰身滅智、または常楽我浄に最も近い意味であろう。本文を読むと、ブッダはニルバーナという言葉を何度となく用いていたことが察せられる。ここで問題なのは、何のためのニルバーナかという問いに対する答えである。それは、死を脱却するための最勝の道としての真理の意味を持つニルバーナではないか、と筆者は思う。ニルバーナという理想境（本文中では、日常生活の中で、この世において達せられ、それこそが最高の幸であると説いているが）、それは死の恐怖を克服するために案出された概念意味を持つ言葉であると考えてよかろう。すなわち、今述べた以上のことを物語る文が左記のそれである。

三六五　言葉によっても、心によっても、行為によっても、逆らうことなく、正しく法を知って、ニルバーナの境地を求めるならば、かれは世の中に正しく遍歴するであろう。

またニルバーナ（正しくはサンスクリット語でニッバーナ、アルダマーガディー語でニッヴァーナ、そして英語でニルヴァーナという）の境地とは、煩悩（klesā）を克服した勝者であり、精神・心がまったく清浄無垢になって、何事にも心が動揺しなくなったときがそれであるという。すなわち、

三七二　清らかな行いによって煩悩に打ち克った勝者であり、覆いを除き、諸々の事物を支配し、彼岸に達し、不動であり、生存を構成する諸要素の認識をよくするならば、かれは世の中に正しく遍歴するであろう。

ここで彼岸とは、この世にあっての意味であり、同様にして、正しく遍歴するのもこの世にあってあらゆる束縛から解き放たれ、自由な身になることを意味している。つまり、ブッダは「内心の平安」を説いたのである。ブッダの死に対する決定的ともいえる答えは、次の一文に表現され著わされている。

一一九　（ブッダが答えた）常によく気を付け、自己に固執する見解を打ち破って、世界を空なりと観ぜよ。そうすれば死をわたることができるであろう。

また、別な箇所二三〇で、「彼岸に至る道」のことを説いている。そこでは、まず法という理法を知り理法に従って実践したならば、老衰と死との彼岸に達するであろう、とブッダは説いている。以上によって、生死解脱が意味するブッダの考え方は、一応明らかになったといえよう。

次に『法句経』の一句を掲げて、生死の問題の考え方の一端をさぐってみよう。

われわれはここ——死の領域に近し、道を異にする人々は、このことわりを知るに由なし、このことわりを知る人々こそ、かくしていさかひは止まん。

各人には各様なりの死についての恐怖を持たぬものはないと思うが、その死を克服する教えとは、直截に言えば死に対する覚悟を意味していよう。本来人生の意義を追究する哲学とは「死の修練」である、とプラトンは対話篇『パイドン』において、ソクラテスが語ったとしている。けだしこのことは、哲学が何を最も問題にすべきかを適切に余すところなく教示している。つまり、哲学とは〈死の体験〉を意味しているのである。

プラトンのいわんとするところは、いつ死んでも悔いのないように生を死への準備と化する方法にあった。そのような意味においてソクラテスの生活を振り返ると、ソクラテスの哲学と人生は、生を棄て諦めるのではなくて、生を死に変えても恐怖をともなわない、いわば身体と口と意（心）のシンフォニーをかなでることであった。その意味から「死の先取型の模範」であったといえる。

さて、以上のことは、決して生命の否定を意味するのではなく、生命に対する不当に執着する心、本能、そうした盲目暗黒（デーモニッシュ的ともいえる）の感情・衝動などの迷いの一切を捨て去ることによって、正しい生命の把握をすることに本来の意味がある。それは、生命自体への正しい反省からくるのであり、また人生をこの世にあって最高に意義あらしめ正しく生きんがために、生と共に死を諦観しようとするのである。すなわち、死が厳然たる事実であるから、それだけ生命を惜しむのであり、日一日一時一刻一瞬に至るまでも充実した厳粛なるものに転換しようとするのであって、たとえば道元は、その点当時の他の宗教者よりも徹底していた。道元はその意味を含んで、「人身得ること難し、仏法値ふこと稀なり、今我等宿善の助くるに依りて已に受け難き人身を受けたるのみに非ず遇ひ難き仏法に値ひ奉れり、生死の中の善生最勝の生なるべし、最勝の善身を徒らにして露命を無常の風に任すこと勿れ」（『修証義』）と語っている。また身命を露にたとえ、一日の身命は尊ぶべき身命なりとして、次のようにも語っている。

光陰は矢よりも迅かなり、身命は露よりも脆し、何れの善巧方便ありてか過ぎにし一日を復び還し得たる、徒らに百歳生けらんは、恨むべき日月なり悲しむべき形骸なり、設ひ百歳の日月は声色の奴婢と馳走すとも、其中一日の行持を行取せば一生の百歳を行取するのみに非ず、百歳の佗生をも度取すべきなり、此一日の身命は尊ぶべき身命なり、貴ぶべき形骸なり、此行持あらん身心自からも愛すべし、自からも敬ふべし、我等が行持に依りて諸仏の行持見成し、諸仏の大道通達するなり、然あれば即ち一日の行持是れ諸仏の種子なり、諸仏の行持なり。　（『修証義』）

そして最後に、「正に仏恩を報ずるにてあらん」と結び、仏恩報恩謝をもって一日一時一刻を仏・菩薩・衆生に報じよと説き勧めている。

以上、今記載したような自覚の下には、死を覚悟徹底したところから、再び生への絶対肯定へと転ずる目醒めた自覚精神があることを、われわれは容易に汲み取ることができるのである。

恩意識に関しては、宗祖親鸞にあっても同じである。親鸞は『歎異抄』において次のように述べている。

一念発起するとき、金剛の信心をたまはりぬれば、すでに定聚のくらゐにをさめしめたまひて、命終すれば、もろもろの煩悩悪障を転じて、無生忍をさとらしめたまふなり。この悲願ましまさずば、かかるあさましき罪人いかでか生死を解脱すべきとおもひて、一生のあひだまうすところの念仏は、みなことごとく、如来大悲の恩を報じ徳を謝すと思べきなり。

ここで親鸞は、もしこの悲願がなくば、このようなあさましい罪人が、どうして生死の流転を離れ（すなわち生死を流転とし離れる意味に解している）えようかと思うと、一生のあいだ申す念仏（この念仏こそが生死の煩悩や罪障を消す力を持っている）は、すべてみな如来の大悲に対する報恩・謝徳であると思わなくてはならない、として報恩行に対して多大に力説している節が明らかに窺える。また別の箇所において、如来より賜わった信心を知った上は、ただ自然の道理にかなうならば、「仏恩をもしり、また師の恩をもしるべきなり」（同上）とも彼は語り、仏恩と共に師の恩にまで恩を言及している。

念仏に関していえば、すべての行為は如来大悲に対して行われる。というのも、この如来こそが自己の救われ難い罪障の数々、そして根源的には生死解脱の教えを、菩薩のとき身をもって示した。したがって、念仏称名は感謝報恩の思いを中心にしてなされなければならないわけだ。動機はともあれ、最初は誰であれ念仏を唱える行為から始まる。それから念仏による報恩功徳に授かり、自然に心の中が報恩の思いに満たされてくる。それが順序である。

しかし、そのためには念仏往生がその他の不純な動機・目的に対する手段として称えられるのでは決してない。その意味では、初めから現世利益を意図した「報恩の称名」という呼び名は不適当であり無効である。ただ要は一個人の生死解脱の問題意識を中心に据えて、行持見成する仏・菩薩の直接的感応道交を通してである。換言すれば、感謝の念仏を唱名していく中で、唯仏与仏の境地を経て、初めて真実の恩の自覚に通じ合えるのである。それは、正しく信心歓喜の喜びが自然に溢れ出る、報恩の大行だからである。つまり報恩の思想が根底にあって、初めて現れる叫びであるといえよう。

他方、親鸞は、人によっては方便の説き方として「弥陀の御恩の深重なること、つねにおもいだしまひらすべし。しかれば念仏もまうされさふらふ」(同上)と語っている。この一文に沈思黙考すれば、次のようなことが言われてくるであろう。それは、まだ体から弥陀の御恩を体得感恩しない前に、御恩というものを一応暗黙の前提として認め、しかもその無標的に御恩を位置付け、そこから御恩の自覚を聞法者に思い起こさせることによって念仏の実践行を勧める、という構造である。

ここで、恩には体験による恩意識と説法者が念仏信心(親鸞の場合)を衆生に説く方便としての恩意識という、二つの種類に形式的に分けて捉えることができると思う。

さて、親鸞の恩の強調は、『歎異抄』には随所に著わされ、出てきている。それを一箇所挙げると、次のようになって記されている。

されば、かたじけなく、わが御身にひきかけて、我等が、身の罪悪の深きほどをもしらず、如来の御恩の高ことをもしらずしてまよへるを、おもひしらせんがためにてそふらひけり。まことに如来の御恩といふことをばさたなくして、我も人も、よし悪といふことのみまうしあえり(傍点は筆者が付した)。

(現代語訳:だからこそ、ありがたいことに聖人は、わが身のこととして語ることによって、われらが身の罪障の深さも知らず、如来のご恩の高いことも知らないで迷っていることを思い知らせようとなすったのだ。実際、私もまた他の人たちも、如来のご恩ということを考慮せずに、善いとか悪いとか、というようなことばかり論じ合っている。）

以上の文章の内容を捉えていえば、それは正しく念仏信心における恩の自覚の重要なこと、信心に必要欠くべからざることの絶対条件の意を表現している、と理解しても過言ではないであろう。

ところで、たしかに親鸞は他力本願の世界に廻入したときの喜びを、「慶心」「歓喜受楽」という言葉で表現する例は数少なしとしないが、また同時に、反面自己の姿をありのままにみると、恥じ痛まなければならない虚仮不実・無慚無愧としての我が身の姿に愕然とする。言ってみれば、それは自分の力ではどうしようもならない自力というものに対する嫌悪であった。なるほど、人一倍に良心的で内省的意識の強かった親鸞にあっては、ことの度、その我が身をむち打たずにはいられない懺悔・自責の念と、その激情にかられたであろう。

そこでたとえ救済に授かっても、煩悩自体は以前として存在し生起し得るのであって、煩悩消滅しようのない一種の諦観の色が強く窺える。しかし翻って考えると、まさに煩悩があるからこそ、親鸞の信仰・思想の深さが開拓されたのであり、それを基盤にしてこそ親鸞の信仰体験の深まりの意義があるわけである。むしろ信心の在り方としては、煩悩を事実現象そのものとして認めた上で、信心の灯火をこの世に点《とも》すことこそ宗教の本質的意義があると考えられよう。すなわち、現世にのみこの世の諸々の苦悩が解消されるわけだ。したがって、それ以外の来世としての浄土観には解決の答えがないとするときにこそ、信仰の真実の意味の効用があり得ると思われる。

以上のようなことを考え合わせると、愚禿悲歎述懐十一首で、我が世と我が身とに対する鋭い主体的省察を試みているそのことが身近なものとなる。そこでは「浄土真宗に帰すれども、真実の心はありがたし、虚仮不実のわが身にて、清浄の心もさらになし」(「愚禿悲歎述懐」一『正像末和法讃』)と詠っている一首は、どうすることもできない我が身であるが、また我が身を否定することもできない事実を暗に示唆的に教え示している。その考え方を極限にまで押し進めていえば、この世こそ現世であり、この確実にある現世を他に置いて、一体生死解脱の解決があるのだろうか。してみると、彼岸は此岸の内にのみあり、この世にて救いのすべてが約束されねばならない。そうすると、親鸞が浄土というのは現実浄土の意味に解釈できる。親鸞はこの世を穢土と一度も呼ばなかったし、またこの世から逃れたいとも言わなかった。それはむしろ「流転せる苦悩の旧里はすてがたく、いまだむまれざる安養の浄土はこひしからずそふらふ」「いそぎ浄土へもまいりたくそふらはんには、煩悩のなきやらんと、あやしくそふらひなまし」、とするのが親鸞の本心であったことを、唯円の著した『歎異抄』が雄弁に物語っている。

要するに、「煩悩の所為」と知りつつも、親鸞はこの世に身を置いた。もっとも直接にいえば、「また浄土へいそぎまいりたき心のなくて、いささか所労のこともあれば、死なんずるやらんと、こころぼそくおぼゆること」と述懐し語っているように、親鸞ほどの宗教的天才でさえも、しかしやっぱり、死のことを考えると心細かったのである。

他方、イエスもまたゲッセマネの祈りのとき、直弟子二人を連れて群れから離れて一人小高い丘に立って、「私は悲しみのあまり死ぬほどである」と神に向かって自己の心境を訴えている。そして地にひれ伏して、「できることなら、この時を過ぎ去らせてください。父上、あなたにできないことはない。どうか、このさかずき（運命・死）を私から取りのぞいて下さい」と切実に祈った。そのとき、御使が天から現れてイエスを力づけたとある。そのときのイエスの祈りようは、苦しみもだえ、汗が血のしたたるように地に落ちたとも記されてある。苦しみ祈ったことは事実としても、前文の表現は本当かどうか疑問である。記録者の私的な解釈によるものであろう。

そして、今や息を引きとろうとするせとぎわに、イエスは「わが神、わが神、どうして私をお見捨てになるのですか」と恨みがましい嘆きを発しているのである。やはりイエスも人の子として、その最後の瞬間に人間としての弱さを現さざるをえなかったのであろうか。このためかえってわれわれは、人間としてのイエスを身近に感じ、親しみの思いをこめてイエスを仰ぐことができると考えるべきなのであろうか。

また一説には、イエスは最後まで、神の子としての自覚、人類の罪をあがなうために自ら進んで十字架に死ぬという使命観を持って、この世を去ったと考えられている。だが、われわれに最も感動を与えるのは、実は彼が死を恐れながらも、勇気をふりしぼって、神の真理を説いたところにあると思う。むしろイエスも人の子であったと知るとき、本当に心から彼に対して深い共感と同時に限りない信頼感を持つのである。とにかく、「我を見し者は神を見るなり」と説くイエスでさえも、死を前にして苦しんだことを述べれば、ここでは言い足りている。

終章 真言密教の生死観 ——空海——

はじめに

まず最初に夢に託された意味について考えてみたい。その一つに人間の世の中、またひっくるめて一個の人間の生涯を夢・幻として捉える見方がある。たとえばこの世の中すべてのことは生滅流転して一つとして固定的永続的なものは存在しない。仮に悠久の歴史といったところで、限りある人間の生命、つまり有限の人物やさまざまな人たちの生起衰滅の連続である。さらに如何なる人物がどんなに立派で偉大な仕事、事業、業績を残したとしても、言うまでもなく永遠に功績が後々までも讃えられ続け、人々の記憶の中に残るわけではない。その意味では、『平家物語』の冒頭にある「祇園《ぎおん》精舎《しょうじゃ》の鐘の音、諸行無常の響きあり、沙羅双樹《さらそうじゅ》の花の色、盛者必衰の理《ことわり》をあらはす」という言葉は広く人口に膾炙《かいしゃ》され知られるところである。そこには日本人の精神文化に底流する無常感が認められる。栄枯盛衰・盛者必衰は人間社会の哲理哲則であるばかりか、自然界の当たり前の姿そのものであり、疑えない事実現象である。無常とは一言でいえば、万物が生滅変化を繰り返し循環を繰り返し、変化し止まることがないが故に、常が無いことから無常といわれる訳である。他の生物と比較してはるかに長生きする人間の寿命でも、普通に生きて、七、八十年、少し延びてもたかだか百歳どまりである。何百年何千年何億年の悠久の歴史に比べたなら、それはほんの僅かな瞬間というか一瞬にしか過ぎないともいえよう。また、人によっては人生四、五十年も生きたらそれで十分だと見た人も過去にいた。考え方は人それぞれだが、確かに冷静に考え、思いを巡らしてみると、どんな生涯を辿ろうと、限りない人間の世の欲望からすれば、人生とは短くまさに夢幻のような生命として理解されもする。

たとえば、織田信長（一五三四〜一五八二）は永禄三（一五六〇）年桶狭間の戦いに臨んで「人間五十年、化転《けてん》のうちにくらぶれば、夢幻の如くなり。一度の生をうけ滅せぬ者のあるべしや」という幸若舞《こうわかまい》の「敦盛《あつもり》」を三度舞ったという話は有名である。そしてから乾坤一擲《けんこんいってき》の覚悟を以て決戦に臨んだ。そこには「武士道と云ふは死ぬことと見付けたり」という『葉隠』の思想精神に通じるものが窺える。また一方、反逆者賊軍とされた明智光秀（一五二六〜一五八二）もまた死に臨んで「五十五年の夢、一源に帰す」と言い残し、太閤秀吉は「露と落ち露と消えぬ我が身かな難波のことは夢のまた夢」という辞世を残している。武士の生涯は明日は知れぬ命であって、唯今の一念一念に全力全霊を傾注しなければならないのである。

つまり、武士の生活においては、生と死が一体のものとして認識され、心を正しい位置においた「正念」を武士道の心に据え、死に直面してもうろたえない不動心を養い、その覚悟の自覚においてあらゆる行動が律せられ決せられた。そのための心の支えとして禅思想が強力な思想的影響を与え、まさに「生死一如」観が武士の日常の心構えとして生きていたと推察する。要するに、平時と戦時、日常と戦場、日頃の勤務と危機対応において、そうした仏教的禅的一如観に心の安心立命を求めたことは事実あったと考えられる。

以上、武人の中には自分の人生・生涯を夢や幻と見立て、無常感を意識しつつも、信長は乾坤一擲の挑戦を挑み、光秀は我が数奇な生涯を嘆き、秀吉は晩年死に臨んで自らの波乱の人生をはかなんだ。夢とははかなくうたかたのように一瞬に消えていく、幻想であり虚像なのである。しかしその夢を見た人はこの世に確かに生まれ生活し、あらゆる考え、情緒を持ち、実在した一個の人格感情を持った者である。また室町期の風狂の禅僧一休（一三九四—一四八一）の言葉に、「いずれの時か夢のうちにあらざる、いずれの人か骸骨にあらざるべし」というのがある。

翻って、死という現実を前にして、これを気にするのは人間だけかもしれない。それからするとものを考える能力のない他の動物の方が悩まない分だけ幸福かもしれない。しかし、そう勝手に考え決め付けるのは人間のエゴで、動物には動物なりの死への対処の仕方が本能としてあることも認められる。

たとえば、飼い猫が年をとってくると、突然行方不明になる。これは自分の死期を予知して、どこかにかくれて、ひっそりと死んでいくのではないのか。また私の体験から言うと、長年かわいがっていたわが家の猫「チコ」と、いよいよ私が大学生となり郷里を去って間もなく、飼い主でしかも一番愛情を持って毎日のように相手にしてくれた者の姿がもう見られなくなったことを察してか、また生きる楽しみがなくなったのか、この猫は裏庭に行ってひっそりと死んでいたと、初めての夏休みに入って帰省した折に、母が教えてくれたことがある。また鳥については生きた姿を見るが、鳥が死んで行く姿、死体を人にはめったに見せないところがあり、死に場所を知っているようにも思われる。その訳は他の動物に襲われ喰われたりしない、安全な所を自分なりに選んで死ぬのであろうか。冬が来ると死滅することを分かっている生き物たちは、生前にせっせと自分の死後の準備をする。

だから案外、自己の死について無神経なのは、むしろ人間だけなのかもしれない。蜂などは、一度刺せば死ぬという。自己防衛本能で相手に立ち向かって一刺しした蜂の運命には致命的な死が待ち受けている。それはわが身と引き換えに子孫を守り残そうとする動物的本能である。身の危険を感じ察知したら一瞬の内に決断行動し、命を犠牲に飛来し攻撃する。またイカ等は一回の交尾がそのまま死を意味する。それは死をもって個体子孫を残すための行為である。

ところで辞世の言葉に遺言、遺書、遺偈《ゆいげ》（仏僧の死に臨んでの句）、遺歌等形式はさまざまあり、およそ人の数だけその言句がありえるが、たとえば茶聖千利休（一五二二〜一五九一）の辞世としての漢詩と和歌はあまりにも有名である。利休の死因については推定説も含め諸説あり、定説はないが、大方二説に集約される。それはここでは省く。とにかく、利休の庇護者であった豊臣秀吉の命令により自刀の切腹を言い渡されたことにある。その時の辞世の偈は実に豪快、天地を圧する堂々たる内容のものである。ついでにここに掲げておこう。「人生七十《じんせいしちじゅう》 力囲希咄《りきいきとつ》 吾這宝剣《わがこのほうけん》 祖仏共殺《そぶつともにころす》 提《ひっさ》ぐる我得具足《わがえぐそく》の一《ひとつ》太刀《たち》今此時《いまこのとき》ぞ天に抛《なげうつ》」（七十年もの長い人生を過ごして来たが、真にしっかりと大法を会得するのは容易なことではない。しかし今や、我がこの明暗の両頭を切断すべき名剣を揮って、仏陀も祖師も共に滅殺し、無位の真人と成りおほせた。私はここでの「りきいきとつ」とは気合の一声だと解したい。）如何にも禅者らしいというか、悟りに近い人生を達観した信条みたいな魂・心意気を感じる大往生を思わせる句である。

さらにここでは、空海（七七四〜八三五）の思想そして密教の生死観について考察してみたい。

現代に語る真言密教の教え

空海は、早くからこよなく愛した和歌山県の高野山（三筆の一人として空海とも親しく交友のあった嵯峨天皇より七里四方の土地を与えられ、そこに八一六年に金剛峯寺を開き修業の道場とした）を死に場所と定め、最期のときに向けて着々と心の準備を進めていた。そこで空海の入唐から入定までのあいだの史実を知る上で重要な資料となっている『続遍照発揮性霊集補闕鈔』（巻第十）の中から、「十喩を詠ずるの詩」（『大日経』『大日経疏』に基づく。真言の行を修するとき生ずる十の妄想を打破すべきものとして、如幻、陽焔・夢・影・乾闥婆城・響・水月・浮泡・虚空・華・旋火輪の順にたとえをあげて詠じたもの）[1]と「九想の詩」（死についての九つの想い〈死体が時の経過とともに変化していく過程を九段階に分けたもの〉を述べた詩）[2]を取り上げ、特に「夢」「死」「魂魄」「魂」に視点を当て、現代文で引用して参考に供したい。空海は縷々として真実に目ざめることを説き明かす。

あらゆる現象を観察するに、すべてはたとえば幻《まぼろし》のようである。
あらゆるものがもろもろの因縁の仮《かり》の和合によって合成されているにすぎない……
三界は幻なることを覚《さと》って、阿字本覚《あじほんかく》（本来の覚り）の宮殿に還帰《げんき》すべきである。
陽炎《かげろう》がゆらゆらと乱れ立ち上って広野にひろがっていく。
しかしその実体は空無で、どこにあるというものでもない……
いっときの眠りのうちにも無数の夢をみる
あるときは楽しい夢であり、またときには苦しい夢であり、予想もつかないことである
人間界や地獄や天上界の夢が混《まざ》りあい

泣いたり歌ったり、どれほど悩み悶《もだ》えることであろうか
睡眠中は真実のことと思っていても、覚めれば虚しく何もない
かくてようやく、夢の中のことは虚妄であると分かる
迷える人間は、まっ暗な部屋にいていつまでも眠りこけているのと同じで
世の中とかく憂いごとのみが多いのである
修業者がその観行中にあって悉地《しつじ》、すなわち成就の妙境を得ても、夢の喩《たと》えを観じてそのことに愛着して
はならない
唸気が会い集まれば生が始まるが
地・水・火・風の四大が不調で離散すれば最後で死ぬことになる
転輪聖者も公候大臣も
春には花と栄え、秋には凋落《ちょうらく》し、やがて死ぬのが流転の定めである
この夢の喩えを深く観じて修行すれば、本質の底に到達できる
かくして大日如来の完全に具《そな》わった徳性を成就し得るであろう[3]……

以上、あらゆる現象は、すべては夢幻のようであることを、十種の妄想を挙げ縷々と説明した後、「この十喩の詩は、修業者の明らかな鏡、仏道を求める人の彼岸に達する手だてである。この十喩の詩をひとたび唱え詠むならば無数の経巻の深い意義に達することができ、ひとたびその内容を観じ念ずれば、無数の巻軸の経典の教える真理が得られるであろう[4]」と空海は文を結んでいる。

とりわけ、三番目の「如夢《にょむ》の喩《ゆ》を詠む」は、人生とは夢幻の如くと捉えた戦国の武将たちの辞世句と重なり強く心に響いてくる。

また蓮如（一四一五～一四九九）上人の「白骨の御文[5]」にも比される「九想の詩」（十首）には、〈白骨連の相〉〈白骨離の相〉〈成灰の相〉等の内容より一層具体的描写叙述で詠われている。人の生命を朝に生まれ、夕に死ぬとされるかげろうのようなはかない生命にたとえている。したがって人間生命があるうちに仏道に精進努力し「真如の宮に住す」ること、つまり要するに主観、客観、その合一のすべてを打ち払って、自性清浄（人間の本性は、本来清らかである）、一切種智（仏の完全な悟りの智慧を得て、その境地から観る）、法身（宇宙大千世界の理法を身に付けた仏、法身は究極絶対の存在であり、すべての存在はその現れであると観る）、仏性（すべての人は、仏となりうる可能性、仏の性質を本来的に持っている）、実相一乗（仏の悟られた真実の相は、すべては平等な真如の一つの乗物に帰する）等と各諸宗派は説くが、根本は皆諸法実相印を基礎としていることに気付くことにあり、迷いの生死を離れ、不死の境界を獲得できることを結局は説くためである。

密教では形に現れた「顕」と形に現れ得ない「蜜」の顕蜜二教の実相観に立ち、むしろ顕教をさらに徹底追究して行った末の、すなわち我の絶対自覚の立場より一切を撤見し、一切は皆如来常住の生を体せる、ビルシャナ仏の具現体と見る実相観に立つ。それは因果制約の世界を超越し、主客対立の認識世界を超越し、自我をも超越した空観によって、宇宙の真如法体と一体になることにある。それは従来の仏教の寂滅無我観、つまり迷いの世界を離れた、客体的な機能的な実体が存在すると見ることを認めないそうした仏教哲学からも脱出し、「有仏・有神・有霊魂」を認める説が弘法大師の真言密教である訳なのだ。したがってお大師様は死んだが、高野山の奥の院で今だに禅定を組んでいるという考え方が生まれてくる要因が存在する。宇宙の大霊があるとすれば、弘法大師は大霊に還ったのであり、大霊を霊、霊魂だと表現するなら、生死の迷いを超えて永遠に生き通しの法体の真実在である霊界は認める方向に通じているといえよう。

そして地獄が自分であれば、宇宙に極楽があり、極楽は光が普《あまね》き、地獄に光が無く光が届かない世界である。宇宙全体を如来とする見方は空海の考えた密教である。つまり、密教は宇宙精神を人格化した「大日如来」を開祖としている。生命は、この世での生を閉じればみな大日如来のもとへ帰る。弘法大師空海の「阿字の子が阿字の故郷立ち出でてまた立ち帰る阿字のふるさと」いう詠歌は、生命の本質を私たちに教え残している。すなわち、生命の源である大日如来のもとから旅をしてこの地球に生まれ来た肉体は、成長し老いて滅びた後、生命はまたこの地球を離れて、大宇宙の源である大日如来のもとに帰っていくのである。

空海の伝えた真言密教の神髄とされる「即身成仏」があるが、この生きながら仏になるということは行によって擬似的な「死」を体験することによって、実は生命の源にふれることができるという教えとして理解できる。簡単に言って、どんな生命にも、大日如来から分けていただいた生命に仏性があり、その仏性に目覚めることこそが「成仏」なのだ、という教えである。大日如来がどこにいるかは誰にも知りえない。しかし、それは遠い遠い世界の彼方、何億光年も離れた宇宙の果てを指すのではなく、一人ひとりの心の中にあるのだというのが密教の考え方である。「死」も「生」と隣り合わせでいて、生も死も実は形態は変わっているだけで、いわばコインの裏表のようなものだと捉えられないだろうか。そして弘法大師信仰として「生死」観の一端を伝える考えに「入定《にゅうじょう》」という呼び方がされる。それは本来は禅定に入ることをいうが、真言宗においては空海は入滅したのではなく禅定に入っているのだと伝えられて来た。そのことを特に入定と呼んでいる。

すなわち承和二（八三五）年三月二十一日寅刻、空海は結跏趺坐をして大日如来の定印〔サンスクリット語のmudra（ムドラー）の訳。ムドラーとは本来〈封印〉〈印章〉という意味である。密教では、仏・菩薩の内証・本誓などの真実なること、虚妄《こもう》のないことを証するものとしてこの言葉に深い意味を与えた。手の指でさまざまな形を組み合わせ、仏・菩薩の諸事の内証を示し表現している。修行者が本尊と渉入し融合一体化するために印を結ぶこともある〕を結び、弥勒菩薩が仏としてこの世に出現したときに再来することを願い入定したという。真言密教独自の解釈が存在するのである。

宗教界で私の最も尊敬する池口恵観大阿闍梨は数学者・森毅氏との対談集『真剣な対話――智の行者と炎の行者 曼荼羅談義』（紫翠会出版、一九九六年）の中で、長年の厳しい荒行を体験した前人未踏の行者でないとなかなか言いえない興味と示唆に富む話をされているので傾聴してみたい。本書の「往復書簡」の「死はこわくない―死の問題について―」の冒頭から「仏教は死の恐怖からはじまった、そう言い切っても間違いではないと思います」と語り出し、要点を押さえた簡潔明瞭な言葉で非常に大切なことを、次のように語っている。

「災害は助かることはありますが、死というものは「万に一つ」の例外はありません。

人間がこれを避けることが出来ないから、古代の人々は死に対して畏れを抱き、死に対して敵視したり、これを超越しようとしました。恐怖から逃れようとし、あるいは不老長寿の方法を必死になって追い求めたのでした。

どうして死は怖いものなのでしょうか。死は、私たちを見える世界と見えない世界とに隔ててしまうものだから、であります。

見える世界、つまりはいま生きている「この世の生」に執着が強ければ強いほど、人々は死を恐れます。執着つまりは煩悩が、苦しみの大きな原因であるから、この執着をなくすようにすればよろしい。執着をなくすということは、客観的な視点をもつことができるようになりなさい、ということでありましょう。それを仏教では「あるがままに認める」と教えているのであります。

死をあるがままに認めることは、じつは見えない世界があるということを受け入れることにほかなりません。これが難しい。つまり、見えないものをコントロールすることはたいへん難しいことだからではないでしょうか。

そこに、宗教が芽生えることになった、と私は考えます、見えない世界、死後の世界をどうしたら、理解できるのか。古代の神話も宗教も、いちように死後の世界を語ります。生者と死者との別れの悲しみを癒すことが宗教に課せられた、一つの役割ではなかったでしょうか。[6]」

「仏教は「輪廻転生《りんねてんしょう》」という教えによって、死の苦しみを超えようとしました。死と生と全く別個のものではなく、これは連続していく状態なのだと、生命とは「生」と「死」とをくりかえしていくものだと教えました。……

私のこれまでの体験、あるいは先祖や両親からの言い伝えで考えますと、どうしても現代科学では説明のつかない現象が多々あります。最も顕著な現象が「加持《かじ》」であります。

祈ることによって病気を癒すことができるということは、いったいどう説明をすればよいのでしょう。……見えないそれぞれの生命の部分に伝わるのではないでしょうか。……私は見えない生命の部分すなわち「霊」であろうかと、イメージを抱いていているのです。

霊が汚れたままで死にますと、センサーが曇っているのですから、なかなか来た道を戻れません。「阿字のふるさと」への旅は闇のなかに旅立つことになります。

霊を、生きているうちに磨いておくことによって、暗い宇宙の道のりも一条の光が照らされて無事に大日如来のもとへ帰り着くことができる。それでは何によって霊を磨くのかといえば、これが功徳です。[7]」

「なぜ死がおそろしいか。「この世」との別れに対する執着のほかに、死後の世界に対するイメージがあります。地獄にいったらどうしよう、死後に苦しい思いをするのではないか、そんな不安があるから、死に対する恐怖がつきまといます。

生をたいせつに生きている人は、死をおそれることはありませんよと、私はいつも申します。霊が曇った状態でなければ、生命のふるさとへ帰る旅路は、明るい道になりましょう。迷わず、大日如来のふところに抱かれた、安心立命の世界にもどることになるのであります。(8)」

そして池口恵観大阿闍梨（平成元年五月十四日、仏教史上前人未踏の百万枚護摩行を成満。二十一世紀最高の密教行者で高野山真言宗の伝燈大阿闍梨にして、医学博士でもある）の、学問と修行、理論と実践、信仰と行状共に相応する「解行相修《げぎょうそうしゅう》」者の口を通して、赤裸々に語られる生死への考えは、次のように続いていく。

「死後の世界については、まったく考えないことにしています。たぶん、このまま行けば、ぼけて生きていることもあやしくなって、自分が死んだことも気づくかどうか。もしかして、そのときも正気であったら、想像もせず、はじめて見る死後の世界を体験しようと思っていますが、ぼく自身の心身の状態からは、あまり期待していません。それでも、さしあたりは生きているのですから、なるべく楽しく［補記：氏は別著『日本「宗教」鑑定』（徳間書房）において含蓄に富んだ大変興味を引く的確な言葉で表現している。言わく、「僕は、子供って「嬉しい」「面白い」「楽しい」が三つ時にやってくるんだと思っているんです。でも、大人になるとその内の一つは来ない。嬉しくて楽しいけれど面白くはない。面白くて楽しいけれど嬉しくはない。老人になると、今日は嬉しいことがあった。今日は楽しいことがあった。今日は面白いことがあったと、それで終わりですよ。面白いと嬉しいと楽しいは別々に来るんです。老人にとって最も危険なのは孤独を実感することなんです。こうなると、後は死しかありません。死って、三つとも来なくなることなんです。（二百三十四～二百三十五頁）」生きるつもりです。もちろん、病も老いも死もとりこみながら。(9)」

以上の引用文から、池口密教行者の生死観が窺える。つまり死後にも霊があり、生命、霊、心は無限に生き通しの、輪廻転生も含めて連続して無限であると捉えている。つまり生も死も、宇宙を旅して帰って来るだけのこと、宇宙に存在する生きとし生けるもの、そのすべてが仏さまであり、私たちの生命は、今、この瞬間にも生死（迷い）を繰り返しながら永遠へと続く。それは永遠へと続く流れである。だからこそ、「今、ここ」を大切にして、一所懸命に生きるべきだと説くのである。それは道元禅師の仏道的行観とも一致する。すなわち我が命を仏の御命として「今、ここに」仏道に励むことを説き勧める。それが「生死」の巻にも説示されていることである。

そこで空海は迷いという「生死の河」から説き起こして、如何にしてその生死《まよい》の苦しみの根本を断ち、安楽の世界に至るかを『理趣経開題（生死之河）』で従来の仏経理論の上に、もろもろの神・仏であるパンティオンの中の主神・大日如来へと結び付け、独自な論法で具体的詳略に解説し説き明かしている。因みにここで冒頭部分を現代語訳で挙げておこう。

父から父、母から母とつぎつぎに生まれ、つぎつぎに死んで、河の水が絶えることなく流れるようである。子から子、孫から孫と、たちまち顕《あら》われたかと思うと、たちまち隠れて、天空の雲が生じたり消えたりするようである。繰り返し、繰り返し永久にこの世に身体を受け、この世に死んでいくのである（以上はいわゆる輪廻転生思想である）。何度も身体を受け、何度も身体を捨てるけれども、苦そのものである身体を離れることはできない。苦というのは、すなわち、生まれ、老い・病み・死ぬこと、憂い悲しみ・苦しみ悩み・愛する者と離別し・怨《うら》み憎む者に会う（以上は四苦八苦、つまり生・老・病・死と愛別離《あいべつり》苦《く》・怨憎会得《おうぞうえく》・求不得苦《ぐふとっく》・五陰盛苦《ごおんじょうく》を言う）、などの八つの苦しみのことである。ほかならぬこの八つの苦しみは、よく人の身体と心を追い詰めて、悟りのこのうえない喜びを受けさせることがない。

生死《まよい》の苦しみの根本を断ちきり、悟りの妙なる安楽の世界に至ろうと思うならば、まず福徳と智慧とを生ずる原因となるものを積み、その後にこのうえない悟りという結果に報いとして到達すべきである。福徳と智慧の原因となるものというのは、功徳のすぐれた経典を書写し（写経を指す）、その深い意味を究め、思う、それがすなわち智慧の原因である。布施・持戒・忍辱・精進・禅定・智慧の六つの実践行（六波羅蜜を指す）は、福徳の原因である。よく、この二つの善を修めて（善根を積むこと）、父母・国王・衆生・三宝（仏・法・僧）の四つの恩（以上四恩を指す）に報いて苦悩を取り去り、困難から救って、人々を利益するときは（利他）、すなわち自らを利し（自利）、他者を利する功徳を共にそなえることになり、すみやかにすべての智慧のなかの最もすぐれた智慧を持てる者の偉大な覚《さと》りを証明し体得するのである。これを菩提《さとり》ともいい。仏陀とも称し、また真実の報恩者とも名付けるのである。……

真理の教えを説く人・聴聞する人とは、そもそも仏の道の根本は始めもなく、終わりもないものであり、仏の教え本源は造り作られたものでもない。過去・未来・現在の三世にわたって変わることもない。

感覚や思考の対象世界に遍満していて、永久不変に存在している。しかしながら、その仏の教えは、示す人がいなければ、人々はその目前にあっても見えないのであり、説く人がいなければ、すなわち、人々はその心の中にあっても知らない。(10)

先に池口恵観氏と数学者・森毅氏との対談集の「往復書簡」の「死はこわくない―死の問題について―」の一部を引挙したが、別の箇所「湯川先生の話」の中で、人が一番に聞きたい点がそこで取り上げられている。しかもその対談はまさに相矛盾する立場にみられる科学者と宗教者の両者において、いわゆる「唯仏与仏乃能究尽《ゆいぶつよぶつないのうくじん》」（唯《ただ》仏と仏のみが相知ることのできる世界。これは法華経方便品の文。）の一致点が語られた一瞬が示されている所に最大の関心を覚える。一読された読者はその意味を察知されると思う。それは短い次の話である。

「森　湯川先生は、弘法大師さんが好きだったんですよ。

池口　そうですね。先ごろ亡くなられた高野山宿老の高田大僧正の話ですが、湯川先生があるとき、高野山を訪れたそうです。そのとき「人間は死んだらどうなるんでしょうね」と聞かれたんです。すると高田大僧正が、「土になります。土は大自然です。その自然に帰るんです。生死一如《しょうじいちにょ》で、生も死も大宇宙に生きていることにかわりありません」と答えると、湯川先生は「そうか、やっぱりそうなんだな」とうなずかれたそうです。(11)」

そこで弘法大師空海の説く真言密教の根本教義「即身成仏」（即身成仏の解釈としては、理具成仏・加持成仏・顕徳成仏の三種が説かれる。この三種成仏を本有《ほんぬ》・修生《しゅしょう》で分けると、理具成仏は本有、すなわち人がもともと具有している仏性による成仏である。一方、加持成仏・顕徳成仏の二種は修生、すなわち修業で獲得した仏性による成仏とされる）(12)観からすれば、従来の仏教の考え方を根定から見直す新しい視点に立つ教えである。いわゆる因縁の法則にひたすら準拠する思惟方法でなく本覚為本、つまり人は仏なのだから三世常住の生き通しの法体であり、大日如来と一体の存在だと、この身このままの成仏体として捉えるのである。

ところで、真言密教の僧侶佐伯泉澄氏はその著『真言密教の霊魂観』（朱鷺書房）において大変興味ある記述をしているので、ここに参考として挙げておきたい。

「真言宗は〝霊〟を認める宗教ですか?」と問われれば「真言密教は〝霊〟を認める勝れた宗教である」と私は答えるであろう。と同時に〝霊〟を認めるというと、そのために迷信の温床となったり、また種々の弊害を生ずる恐れが多分にあるので、それらを取り除く努力をしなければならない、と思うのである。

お大師さまのみ教えは〝霊〟を認めているということについて、お大師さまが書かれた『秘密曼荼羅教付法伝』の中の第五祖、金剛智三蔵（六七一～七四一）の項に、次の霊験実話が記されている。それによると、三蔵の話から――死んでもあの世があって、死んだ人はあの世で生きていること。あの世に閻魔さまがいらっしゃって、お願いすれば三日間だけだが、連れ戻すことができたということ――が分かるのである。

それではこの帰ってきた三日間のお嬢さまは、一体何であったのであろうか？

以下は私の想像で恐縮であるが、これは完全な幽霊であったのであろう、と推測する。……三蔵（法師）は呪術に秀でておられたので、このような不思議な現出ができたのであろう。

閻魔さまと死んだ人があの世にいらっしゃるということを、お大師さまは書き残してくださっている。[13]」

以上のように、人が死んでも、仮定して〝あの世〟があって、そこで死者が霊体となって生きていると想像したら、そこには「死」が怖いということもなくなるし、「死」はないとも言える。確かに仏教思想には「因縁生《いんねんしょう》無《む》自性空《じしょうくう》」の教えがある。それは因縁によって生じたものは、固定の実体というものがないから、条件が結び合い組み合わさって物が成り生命が存在しているこの世の中で、そうした諸条件諸縁が尽きれば「空」に帰る、というのが因縁の法則である哲理として観る。しかし一方翻って、想い念を強め、一層それが高じて希望が「信」「信仰」に変わったとき、人間が科学的客観的に把握した物質世界の法則とは違った別次元の世界が見え、展開していることになる。人が物質的肉体的に死滅しても、その人が生前強く信じた念慮は霊として残りはしないだろうか。人間的欲望や怨み、また未完成のまま願いをこの世で達成せずに道半ばにして無念の死を迎えた者が、何かの霊現象として生者に訴えたものが第三者が感得した「夢」「正夢」であったり、「幽霊」「妖怪」談であったりすると視点を変えて真剣に考えてみては如何であろうか。そしてその橋渡しをする霊感に敏感で特殊能力を持った者が、ユタ、ノロ、瞽女《ごぜ》、巫女・霊能師・霊媒者等と称される人たちである。ただし、そうした霊体験談の大部分は人間的世俗の欲望の延長であるものが多く、そうした霊と空海や真言密教者が説くところの霊・霊魂とは区別して考えなければならない、というのが私の意見である。なぜなら、完全に怨念を超え、純粋無雑な心の世界になり、いわゆる無我、無欲・無心になって、神仏を信じ念じ、魂の救い、成仏往生を祈り希願する気持ちでないと、霊・聖霊の功徳に与《あず》かれないと私見するからである。要するに、そのためには生きている時に神仏の大慈大悲の心に一歩でも近づく努力を心身を懸け実践努力することにあろう。そこで人智で計り知れない、まったく想像を超えた、人間界の因縁を超えた、悟った仏たちが集まる仏国土世界がどこかに、確かにあると信じる「信仰」の世界に進むことが一番肝要な点と考えたい。そういう意味認識に立つと、真言密教は〝霊〟を認めた勝れた宗教であり、三世常住の行き通しの「有霊魂」説を信じる有り難い人類万人救済の開かれた宗教観に立っていると私は捉える。

ここで再び池口恵観大阿闍梨《いけぐちえかんだいあじゃり》に戻り、先に取り上げた『日本「宗教」鑑定』の中で、氏が行をしている途中に透視体験した情景から「あの世」があると語っている。しかも目に見えている世界は僅か一～十パーセントなのに対し、九十～九十九パーセントは見えない世界、霊の世界で動いていると言う。私にはそうした霊能力も透視力もないから、そうした数々の透視体験をされている氏の話を信じる方に賭けてみたい。私は何度も池口大阿闍梨に接し、直接言葉を交わし、身近に感じている尊敬する偉大なる宗教者であり、心の中では空海の再来・今空海と思っている一人である。その加持祈禱と験力は奇跡とも思える現象を呼び起こしている今世紀最大の真言行者であられるからである。

「私はあの世があると思ってるんですが、そういうことを言えるのはですね、そういう世界を見ているからなんです。

私の所にはいろいろな方が尋ねて来られます。で、よく「故人は成仏しているでしょうか」と聞かれるんですね。それをずーっと静かに見ていくとですね、ものすごく苦しんでいる情景が出る人と、ものすごく楽しい状態が出る人といるんですよ。いろいろなところでみんなと遊んでおってたりですね、それが出てくるんですね。

私はそれは本当のあの世の姿だと思うんです。成仏してみんなと遊んでいるんだということですね。それで私はあの世はあるんだと実感しているわけです。……

見えている世界というのは、ほんの一パーセントかせいぜい、十パーセント、残りの九十パーセントから九九パーセントは見えない世界、霊の世界で動かされているんだと私は思っているんです。行をしていますと、私にそういうものがよく出て来ますから、あの世というのはあると思っていますね。(14)」

「念力」と言うといかがわしい超能力のような受け止め方をされますが、私は「念」もまたエネルギーだと思います。エネルギーという表現が電気や燃料などのように直接手にすることができる物体を連想させて具合が悪いんですが、近い将来「念」を質量で測る機械が発表される時代が来るだろうと思いますよ。……実際に私のお加持で病状が変わるのを見た教授は私の神秘的な力を信じて下さいますよね。ロシアの科学アカデミーもそうですが、そういった科学の先端を行っている人たちも、実際に私の行とかお加持などのいろいろな変化を見たら信じないわけにはいかないんでしょうね。すぐに変化が現れますから。……今の日本は宗教的なもの、見えないものに対する畏敬の念が無くなっているんです。見えるものでしか判断できなくなっているんですね。見えないもの、お陰という部分、霊に対する部分がとても薄くなってきている。

何でも科学的に証明できないものはダメだとなってしまったから、逆に持っている能力を出すことができなくなったんですね。昔の指導者というのは、そういうものを信じていたから能力が発揮できたんだと思うんです。だからこそ超能力者が一番上に立ってきたんだと思うんですね。それが今は本を読んだり理屈を言うのが偉い人になってしまって、実際にそういう力を持った人は迷信だと片付けられてしまうから、本当に大きな人間、本当に強い力を出す人がいなくなったんです。[15]」

ここで密教では特別な意味が与えられている「加持祈禱」について説明しておきたい。「加持祈禱」というと、一般にそれは非科学的過去の迷信的呪術だと思い込んでしまうようだが、決してそうではない。知らないことを知らないままに頭から否定するのは、むしろそれこそ非科学的である。空海は『即身成仏義』の定義で、「加持」を次のように説明している。

「加持とは如来の大悲と衆生の信心とを表す。仏日の影、衆生の心水に現ずるを加といひ、行者の心水、よく仏日感ずるを持と名づく[16]（「加持」とは、如来の大悲と人々の信心を表している。あたかも太陽の光のような仏の力が、人々の心の水に映じ現れるのを「加」といい、真言密教の修行者の心の水が、よくその仏の日を感じとることを「持」と名付ける)。[17]」

すなわち、「加持」とは仏の大悲力の力が人々に加わり、人々の信心が仏のそれに応じて、互いに感応することで仏の不可思議なはたらきが現れることを意味する。要するに、行者が大宇宙の生命体の力を素直な心で受け取り、「祈禱」すなわち祈ることで、それを受け手に注ぎこむのが「加持祈禱」なのである。また空海は「三密加持速疾顕《そくしつけん》」(三密加持は現身に速疾に顕現し証明する)を取り上げ、〈三密〉の三句を解釈して第一に身体活動の秘密、第二に言語活動の秘密、第三に精神活動の秘密を述べ、真理そのものを体現している仏の身体・言語・意の三つの活動は、甚深微細《じんじんみさい》であって、悟りの内容が仏と等しい菩薩やそれ以下の十段階の菩薩も、見聞することができないくらいである。だから〈密〉というとしている。しかしわれわれ人間の身体・言語・意の三つのはたらき、すなわち三密も、仏のそれと同じである。それゆえに、「仏とわれわれ人間の三密が、不思議なはたらきによって、応じ合う」のであり、これを「三密加持」と名付けると空海は説明している。[18]

そのようにして真言の行者は手に印契を結び、口に真言を唱え、心に仏を念じながら、ただひたすら行に打ち込むのである。これが「三密修行」であり密教の根本的教えであり、行である。そしてそのようにしたならば、「速疾に顕《あらわ》る」—つまり、この身このままにすみやかに悟りの世界が現れる、と空海は断言するのである。そして加持祈禱は、実際に奇跡とも思える不思議な現象を時を待たず呼び起こすのである。重い不治の病を持った人が治った例も多いのである。

池口恵観大阿闍梨は体験談からそのことを、次のように語っている。「私たちは、大宇宙大生命体の一部である。宇宙の大生命体である大日如来から生み出され、死ねば、再び大日如来のもとにかえっていく。滅びるのは、生まれる時に着せてもらった体という着物だけだ。古くなった着物を取り替えに大日如来のもとに帰るのが、生き物の「死」なのである。私たちのうしろには、無数に近い先祖がいる。先祖たちは、六道輪廻に従い、それまでの行いに合わせて、「地獄」「餓鬼」「畜生」「修羅」「人」「天」「声聞」「縁覚」「菩薩」「仏」のいずれかに転生している。……もともと霊体である私たちは、先祖たちの霊と深層心理を通してつながっているのである。[19]」

戦後六十年余り、日本人は、戦後日本人が信じ続けてきた西欧的科学的合理主義が絶対の考え方でなく、一面のものであることにようやく気付きだしたようである。便利はまた不便、不都合なことも起きてくるのである。つまり科学は決して万能といったものではないのである。たとえば人体に効くとされる新薬は後遺症をともなうことがあり、時に漢方薬の場合が人体に及ぼす後遺症がなく完治するには良いことも多い。再び漢方・漢方薬が見直されているのもそうしたことと無関係ではない。

そうした科学主義の間違った妄信信仰が今や地球環境の危機的状況を招いている。そして野鳥をはじめ海洋・淡水の生き物、陸上の動植物その他一切の生き物において貴重な生物がすでに絶滅種に指定されたり、今まさに地球からその姿を消しつつあり、どんどんと加速度を増している。今からおよそ半世紀前にレイチェル・ルイズ・カーソン女史が化学薬品による自然公害を訴えた名著『沈黙の春』（一九六二）が今や現実の姿として当たり前となって来ている。本著は自然を破壊し人体を蝕む化学薬品の浸透、循環、蓄積を徹底調査したもので、自然保護と化学公害追及の先駆的な書として、各国に翻訳され世界的に大きな反響を呼んだ。確かに人間が作り出した科学と技術は人類にこれまで考えも及ばなかった未曾有の繁栄と富と豊かさをもたらした。そのために無理矢理、人類誕生以前の遙か太古の大昔から育んだ大自然を、機械による力尽くで有無を言わさず征服し従わせてきた感がある。人間の生活に役立つ豊かな物質生産力をつくるためには良かったかもしれないが、物質は無ければ無くても生きてこれたものも多くある。しかし人間の欲望にはこれで良しというところがない。つまり、行き止まりがなく際限がない。

人間がつくり出した物質、また地球上に存在しない新種物質、地下深くから掘削機で掘り出した燃料化石を手にしたことから、ますます欲望を刺激増大させ、一層「小欲知欲」の精神・心が狂い出した。物欲に満ちあふれた人間社会、いとも簡単に手に入り、思い・欲望を果たすことのできる飽食飽満生活にひたるあいだに、神仏の摂理はもとより自然調和の原則原理の感覚・常識というものが失われ、その結果自然環境が日に日に破壊され、見るも無惨な状態となってしまい、人類そのものの生存すら危機的状態となっている現状である。

たとえば、酸性雨による魚介類の多量死滅、全国にみられる樹木の枯死、地球の温暖化による異常気象、森林の大量伐採や自然火災による喪失、農薬や化学薬品等による川や海の水質汚染と土壌汚染、人工ダムや不必要な山道造りの結果によって引き起こされる多量土砂崩れ（二〇〇八年五月十二日に突然中国四川省を襲った地震で六万九千人の死傷者が出たが、よく調べてみると特に人工ダムの建設場所の近辺が大きな被害を受けている）、地球温暖化による原因で北極圏の氷解現象による水位上昇、地球規模の砂漠化現象、ロケットや航空機・車等の二酸化炭素（CO_2）の多量の排出等、そうしたことが地球上に住む生き物の存在をおびやかし、地球環境そのもの自体にますます悪い自然環境をつくり出し推し進めているのである。まさに元凶は人間にあり、人間のあくなき欲望から出た人災なのである。

そこで一刻も早くそうした自然環境破壊になることを、人間が衆知を集め、高度な技術を使って、工夫・改善して食い止めないと、もう後には戻れず取り返しがつかないところまで実は来ているのはすでに明らかな現状である。

二〇〇八（平成二十）年六月二十九日（日曜日）の十面と十三面の一面一杯に特集版で、また二十五面にも一部一角に「地球温暖化問題と対策」の見出し記事が載っており、ここに順番に詳しく記事の文章内容を紹介してみたい。

十面には、「第一回　地球が泣いている森林破壊、異常気象、温暖化…迫る地球環境の危機」と記された太字の表題が目に留まる。そのすぐ下に「地球温暖化、森林破壊、砂漠化…。地球規模で広がる環境破壊の影が、私たちの周辺にもしのび寄っています。経済効率優先の自然開発と都市型ライフスタイルが招いた地球の危機。「ミツバチの飛び交う自然が失われたら人間は、もう生きては行けません」と語る山田代表。一方、『生態学的な脚本で森の再生を』と呼びかける宮脇さん。二人にはかけがえのない地球への愛と思いがあふれていました」といずれも横書きになって記載されている。以下は縦書きの文章で最上右に、一言一言が環境問題を強く訴え、警告を発する言葉で綴られて載っている。この重みを一人ひとりが真剣に受け止め、具体的に努力する必要を痛感する。

「今、地球が深刻な環境危機に直面しています。科学技術の発達で人類が、かってない繁栄を謳歌《おうか》する陰で、多くの緑が地球規模で失われてきました。はるか以前、古代文明も人類が森を破壊し尽くした時にほろびた、ともいわれています。このまま自然破壊が進めば、地球は再び過去の歴史と同じ運命をたどるのでしょうか。これまで三十年以上にわたり世界で三千万本を超える木を植えてきた横浜国立大学名誉教授・宮脇昭さん（八十）と「自然との共生」を訴え、蜜源の森などの再生に取り組む山田養蜂場、山田英雄代表（五十）が、現代文明に潜む矛盾点から、地球を救うための処方箋《せん》、命の問題までを真剣に語り合います。（十三回シリーズで掲載します）」

さらに中央最下段にメモ知識的に「地球温暖化データ」と太字で、次のように数値的なことが記録されて出ているので、それも一緒に載せておこう。

「地球温暖化に関する国連の「気候変動に関する政府間パネル」（IPCC）の第四次統合報告書（二〇〇七年）によると、二十世紀半ば以降の地球の平均気温の上昇は、人間活動による温室効果ガスによってもたらされた可能性が高い、と分析。今世紀の世界の平均気温は過去百年で〇・七度上がっており、二十一世紀末までに一・一度～六・四度、海面水位も十八～五十九cm上がると予測している。この結果、洪水、森林火災、旱魃《かんばつ》、などの増加は避けられず、特に北極やサハラ砂漠以南のアフリカ、小島嶼国などが温暖化の被害を受けやすい、と指摘。今後二十～三十年の努力と投資が長期的リスクを決める、と警告している。」

なお、山田氏と宮脇氏の対談内容記事のところどころの小見出しに「熱帯林伐採しエビの養殖池」「砂漠の三分の二は、回復可能」「砂漠化招いた家畜の過放牧」「激減する原生森林と共生の英知生かせ」「自然の変化で深刻さを知る」「都市型生活が心の豊かさを奪った」「年々減る一方　百花蜜生産量」「土地本来の森わずか〇・〇六パーセント　超大型ハリケーン『カトリーナ』で浸水したニューオリンズ市内」等と記されてある文字からも論点がよく分かる。

次は第十三面に移ろう。最上段の頭の箇所に横書きでトップ記事を飾るように「二〇〇八　洞爺湖サミット／座談会『温暖化問題どう臨む』」と載り、二段目に極大太字で「省エネ技術　日本発信」とある。そして最上段右に黒枠線の中に、次のような小見出し文章が記されている。「七月七日に開幕が迫った北海道洞爺湖サミット（主要国首脳会議）は、地球温暖化対策が主要テーマの一つだ。二酸化炭素（CO_2）などの温室効果ガス削減に向けた各国の利害対立は深刻化している。日本はサミットや今後の国際社会の議論にどう臨むべきか――。政府、与党、産業界、民間活動団体（NGO）のそれぞれの立場から四氏が話し合った」。そこで各四氏の主張を集約した単刀直入な一言メッセージが大きな字体で掲げてあるので、それを列記しておこう。「『京都』の義務果たせ」（川口順子氏）／「まず先進国が行動を（西村六善氏）／「効率良い製品で協力」（杉山大志氏）／「世界に方向性を示せ」（山岸尚之氏）。

そして同日の読売新聞第二十五面「地球温暖化対策　メタン測定もっと密に」と題する小見出しのコーナーでは、サイエンスの立場から次のような重大な指摘がなされる記事が掲載されていたので、併せてここに示しておこう。

「地球温暖化を引き起こす温室効果ガスには、二酸化炭素（CO_2）のほかにメタンがある。東北大学の青木周司・教授（物質循環学）は六月に開かれた「東京テクノ・フォーラム二十一」研究交流会で、メタンの大気中での濃度の増減はまだわからないことが多く、より詳しい測定の必要性を訴えた。

メタンは、炭素原子に水素原子四つが付いた気体で、燃料にも使われる。牛など家畜のゲップや石油などの採掘、焼き畑農業、水田などから排出される。

CO_2の約二十倍の温室効果があるとされ、気候変動に関する政府間パネルの報告では、温室効果ガスによる地球温暖化の中で、メタンが占める割合は約二十パーセント。『大気中のメタン濃度は人間活動によって過去二百年に急上昇し、現在では産業革命以前の二倍以上。過去八十万年間には見られなかった高さ』と青木教授は説明する。

一方で、メタンは湿地など自然界からも放出されており、全体像をつかみきれていない。長期的には濃度は急上昇したといえるが、過去二十年という期間でみると、濃度上昇の度合いは少しずつ鈍くなり、一九九九年以降はほぼ止まっている。メタンは土に吸収されたり、紫外線で分解されたりし、鈍化の詳しい原因はまだわかっていないという。

地球温暖化が進むと、湿地の乾燥化が進み、ここから出るメタンも増えるだろうと青木教授は予測する。少しでも早く地球温暖化を食い止める重要性は変わらないと話した。」

確かに、今日、科学的に疑いもなく地球規模で変動が起こっている。たとえば平均気温は過去百年で〇・七度上がっており、二十一世紀末までに一・一度～六・四度、海面水位も十八～五十九㎝上がる可能性が高くなっているという。気候変動にともなって、大きな水害の可能性もある。これを防止するためには、やはり各国間のグローバルな温室効果ガスの緩和策を早急に取る必要があろう。

気候変動による自然災害激化で、今まさに人々の暮らしがどこの国と言わず世界のいたるところで脅かされている。したがって、二〇〇八年七月七日から始まる北海道洞爺湖サミットでは、発展途上国や脆弱《ぜいじゃく》な地域を支える途上国支援や人々の命を守る国際ルール作りが重要テーマとなるであろう。

二〇〇八年五月二日にサイクロン「ナルギス」がミャンマーを襲い、約十四万人の死者・行方不明者を出した自然災害があったばかりである。地球温暖化が進み、海水温が上昇して熱帯低気圧の威力が増し、サイクロンやハリケーンが凶暴化する異常気候変動が起きやすい現実となっている。旱魃、洪水、暴風雨など気象災害の被害者数は、近年、確実に年々増加し続けている。その圧倒的多数が途上国の住民であり、二〇〇〇年～二〇〇四年には二億六千二百万人と、二十年前の三・二倍に上がっているとの報告がなされている。

難民や移民を支援する政府間組織「国際移住機関」は今年の報告書で「気象災害により二〇五〇年までに二億人の避難民または移民が出る」と予測した。パプアニューギニアでは二〇〇五年の台風で千人が移住し、インドのガンジス川の支流の三角州は二〇〇六年に水没、数千人が家を失ったなどと列挙し、報告書は「最悪の場合、中国南部、南アジア、サハラ砂漠南縁部の大部分が居住不可能になる」「移民は十億人という推計もある」と記している。

人類の歴史を振り返ってみると、イギリスの産業革命以来、欧米文明は自然の資源を掘り出し収穫する物質文明を是とする価値観が中心になって現在まで続いてきている。特に近年、地下深くまで掘る掘削機械技術の性能が良くなったことで、地下深くに眠り埋蔵されている場所を特定し、化石燃料（石油）を確実に掘り当てることも可能になってきた。ただ人間の価値観で一方的に資源を無くなるまで吸い上げ使い切る、それはいわば有限な自然を完全に犠牲にし破壊し尽くす上に成り立った物質文明・機械文明の姿である。規模が人為的で大きなだけに、一度採り尽くし破壊した後では、自然の治癒力をもってしても決して回復できないところにまで、人類の生み出した科学・技術力が進歩してしまったのである。それを回復させるにはまた人間の科学・技術力をもってしか解決方法はなくなってしまった。したがって地球規範の自然災害の元凶は人間の側にあるといえる。羊毛を取るために羊を増産させ放牧させた結果が、また牛・馬などを飼ってふやし、それによって衣類や食べ物の材料その他を生産した結果が、十七世紀イギリス全土に広がっていた森林の約九十パーセントを失わせたという歴史がある。石油に代わるバイオ燃料エネルギーが今方向転換期になっているが、国民生活から見たら一長一短があり、それによって逆に貧しい生活に生きる人たちはさらにいっそう貧しくなってきているという状況がある。バイオ燃料も富める資本家の経済活動に組み込まれ、強い者勝ちの世界がどこかで一人歩きし動いているようにも思われる。今や物質文明から生命文明に大きく舵取り方向を変え、転換しなければ人類そのものが滅んでしまうという危機感が迫ってきている。幸いにも、日本はまだ国土の七割が森林として残されている。もしかして日本の森に人を救うヒントが隠されているのではないだろうか。否、敢えて言えば、日本の神道・仏教・儒教思想が一体混成となった「日本精神文化」の中にこそ、将来の人類を救う鍵があるのではと私は考えるのである。きっと日本型文明を必要とする時が間近に来ている足音の響きを感じる。

ところで、本題に戻って、このような科学万能主義の人間の奢りへの批判の心は、今度は科学主義・合理主義が否定した宗教というものへの関心をいっそう高め、近年では神秘主義、そして最現代でスピリチュアルやオカルトブームに乗って、「霊的なもの」「あの世論」に視点が移り、死の世界そして霊、魂、怨霊、神霊、霊魂、魂魄、幽霊、妖怪、霊波、念波、念力、気功、アラヤ識等についての関心を呼び起こしているのである。そうした中で怪し気な占い師やスピリチュアル・カウンセラーは大もてだが、そういう表面的なことに迷わされず、本腰を入れて仏教と霊的なものとの関係を、根源的本質的確証的側面から改めて検討してみる時に来ているのではないだろうか。

顧みると、一言でいって、二十世紀は戦争と飢餓の世紀であり、人類は大規模な自然破壊と核兵器製造と使用、またその存在基盤が根底から壊れ脅かされる恐怖心におののく、不安と混迷する時代であった。

たとえば、二十世紀での最大規模の第二次世界大戦を経てその後も朝鮮戦争、インドシナ戦争、ベトナム戦争、中印戦争、フォークランド戦争と続く。戦争と名が付かないものを含めればソ連のアフガン侵攻もベトナム戦争に匹敵する軍事紛争であろう。またアフリカでも部族間の対立戦争が絶えない。

いずれにしても、ヨーロッパ、中近東はいつもどこかで戦争の絶えることがなく、アジアもアフリカも飢餓と戦火によりたくさんの難民を出している。国境を接した国が内戦や紛争に巻き込まれるのはやむを得ないところもある。確かに日本のように海に囲まれた島国とは、国民感情や意識が大分ちがう。それを考えると戦後日本の繁栄は、まさに「戦争がなかった六十年間」のおかげであったといえよう。考えてみれば戦争と平和は人類の有史以来の一つのテーマだった。中東の人々は「平和を！」と日常にあいさつすると聞く。したがって、平和とは戦争で苦しんだ人たちのことを考えないことではなく、彼等のことを忘れない、戦争を忘れない状態こそがほんとうの平和なのだと考えたい。

ところで、一方では休む間もなくユーゴスラビア地域ではここ十年間かけて内戦紛争が五つの時期に分けて起きている。これは旧ユーゴスラビア連邦の継承をめぐって起こった戦争である。

第一期は一九九一年六月のスロベニアの独立にともなう連邦軍とスロベニア共和国との「十日間戦争」、第二期はクロアチアの独立後、一九九一年九月から本格化したセルビア人勢力とクロアチア共和国軍とのクロアチア内戦、第三期は一九九二年三月に始まるムスリム、セルビア人、クロアチア人三勢力によるボスニア内戦である。クロアチア政府とボスニアのムスリム勢力はこの戦争を内戦とは捉えず、ユーゴ軍邦人民軍あるいはセルビアによる侵略戦争と規定する。ユーゴ内戦の過程で連邦は解体し、一九九二年四月に残存国家として、セルビアとモンテネグロからなるユーゴスラビア連邦が成立した。

一九九五年十一月に米国の主導でデイトン和平合意が成立して内戦が終結するまでに凄惨な殺戮《さつりく》が展開され、継承戦争は死者二十数万人、難民・避難民二百五十万人を出した。そしてコソボ（コソボ自治州の九十パーセントを占めるセルビア人とアルバニア人との対立）紛争（一九九九年三～六月）が第四期、マケドニアの内乱（二〇〇一年～）が第五期をなす。

特に第四期のコソボ紛争では、一九九八年二月にセルビア側とアルバニア側の両者はコソボの自治で合意したが、軍事面で合意できず、NATO軍のユーゴ空爆が開始された。空爆は七十八日間も続き、アルバニア人難民八十五万人が発生。ユーゴ側発表によると民間人死亡者千二百人、NATO側発表によると兵士死者五千人を出した。一万回を超えるNATOの爆撃によるユーゴの被害総額は一千四百五十億円に達した。空爆はユーゴに多大な被害を与えただけでなく、バルカンの近隣諸国にも経済的な打撃を与えた。また、化学工場の爆破による地下水系への汚染が、バルカン諸国の環境悪化をもたらすことが懸念されている。この空爆は、軍事力による民族紛争を解決することの困難さを示している。

一方、セルビアも人的・物的に多大な被害を受けた。コソボ和平後、アルバニア人によるセルビア人に対する報復攻撃が続き、二十万人以上の難民が出た。

さらにイラン・イラクの両国間で、一九八〇年から一九八八年までの八年間にわたって行われた「イラン・イラク戦争」がある。この戦争ではイランとイラクの双方がミサイルで相手を攻撃した。第二次世界大戦末期にドイツがロケット兵器で連合国を攻撃した例はあるが、交戦国の双方がミサイルを撃ち合ったという前例はなかった。初歩的ながら史上初めてのミサイル戦争であった。このパターンは、この戦争の停戦から三年後に争われた湾岸戦争でも継承された。多国籍軍は巡航ミサイルでイラクを攻撃し、イラクはスカッド改良ミサイルで反撃した。また、この戦争でイラクは化学兵器を大量かつ頻繁に公然と使用した。

一九九〇年八月にイラクのクウェート侵略以降、一九九一年一月十五日、米軍を主力とする多国籍軍のイラク空爆で戦争が開始された。戦局は多国籍軍の圧倒的優位のうちに、同年二月末にはクウェートからイラク軍が一掃され停戦が成立した。

そして戦争のない国家間の平和的解決を期待して二十一世紀に入っても、僅か数年後の短期間に大きな戦争が起きている。実に数多くの死傷者を出した。米国が核製造施設の疑惑を原因に一方的イラク攻撃を開始し、連合軍も参戦しての戦争が起きて、多くの死傷者が出たのもまだ記憶に新しい。

イラク戦争は、二〇〇三年三月十九日、アメリカ合衆国が主体となり、イギリス、オーストラリアに工兵部隊を派遣したポーランドなどが加わり、イラクに侵攻した戦争である。中国国務院が発表する「二〇〇七年アメリカ人権記録」によると、二〇〇三年以来イラク死亡数は六十六万人以上。ロサンゼルス・タイムスの統計によると、百万人も上回ると伝える。

二〇〇三年五月一日、米大統領ブッシュの「戦闘終結宣言」があったが、復興支援とともに戦闘はまだ継続中である。この戦争でたしかに独裁者とされるサダム・フセイン政権は崩壊したが、その結果、①連合軍がいまだにイラクを占領、②戦闘がゲリラ化、③アルカイーダが流入・テロ活動の温床となる、④大量破壊兵器は存在せず誤情報だったと判明、⑤アルカイーダとフセイン政権が無関係と判明、⑥主導権争いなどにより内戦化、⑦多数のイラク市民に被害・難民化等が起こり、また真実も報道された。

なお、この戦争による損害を挙げれば、イラク軍死者四千五百～六千人。連合軍死者四千三百二人、アメリカ軍は四千人。イギリス軍は百七十人。その他百三十二人。民間契約要員一千十二人、イラク治安部隊八千～一万人という大勢の死者を出している。また連合軍の占領後の武装勢力の死者数は一万三千六百九十九～二万三十三人という数字がインターネットで検索された。

それは兵器も改良され、殺傷力のある最新の高度ハイテク技術を駆使し搭載した近代戦争であった。テレビ画像を見ている限りは悲惨な場面は放映しないので分からないが、実際その場にいたら、恐らく地獄絵図さながらの見るも無惨な惨状だと想像できる。

テレビのチャンネルのボタンを押すと、毎日のように何かゲーム感覚のような映像として入ってくる。しかし、そのテレビでは映らない背後では、現実に大勢の市民である老若男女、子供から赤ん坊までもが血を流して死んでいっていることを考えると、対岸の火事という感覚感情には決してなれなかった。戦後六十年の間に、世界中には何十という戦争があり、そのために何千万もの人々が生命を失っているという。それがほとんど核に縁のない中小国でのことだということに注意しなければならない。人類の平和社会・国家とは実際にほど遠い現実の姿である。

宇宙の全生命は皆、母なる摩訶毘盧遮那如来《まかびるしゃなにょらい》の命を等しく宿した存在であり、人間皆兄弟であるという空海の教えに基づき、人間同士の殺戮また人間による自然環境破壊に深い悲しみを私は覚える。全世界の平和を願い、核兵器の廃絶、紛争の平和的解決、地球環境の保全を祈り訴えたい。

平成二十年の今から溯って十七年前、平成三年に比叡山千日回峰行満行《かいほうぎょうまんぎょう》を果たした。光永覚道《みつながかくどう》氏を先達とした「三塔巡拝」に私は参加した。その時、東雲《しののめ》の夜明け方四時頃、比叡山の小高い見晴らしの良い丘に一堂が立ち（そこで必ず丹野氏は歩行を止めて人類の世界平和を祈られると自ら語る）、その時に参加した三十人在家信者の方々と一緒に「人類の世界平和」の祈願を無言の内に心の中で真剣になって、先達の作法通りに唱えた体験が鮮やかに思い出され、いま蘇る。実はそれには大きな訳があった。

すなわち異なった宗教者同士が、対話し、祈り、相互理解を深めることで世界の平和実現を目指すという「宗教サミット」開催の話が起きた。一九八六年十月に、ローマ教皇ヨハネ・パウロ二世が、初めて諸宗教の指導者を集め、イタリアで「アッシジ世界宗教者平和祈願集会」を開催されたことに源流を発し始まる。

その時に参加した山田恵諦天台宗座主は「日本の宗教者は長く世界平和というような大命題のもとでは無力であった。なんとか、この精神を引き継ぐことができないか」と考えられた。そして、その流れを受け継ぐ形で、日本宗教界は教義の違いを超えて一つにまとまり「日本宗教者代表会議」が結成され、一九八七年八月三、四日に、海外の諸宗教代表者を一堂に招き、「比叡山宗教サミット」を開催した。国際的スケールの宗教会議を千二百年余りの法燈を持ち、鎌倉新仏教の母胎となり、多くの宗祖を輩出させた比叡山で、天台宗が中心となって開催された意義は実に大きなものがある。こうした世界宗教者の平和祈願集会が日本で、しかも昔のいわば仏教大学とも言うべき、総合大学・総本山の地で開かれたことは日本宗教史上初めてのことである。こうした会は毎年開催されており、一九九五（平成七）年には、十月十七日から二十七日の十一日間にわたって、イタリア・フィレンツェで第九回「世界宗教者平和の祈りの集い」が開催された。またそれとは別の集会で、一九九六（平成八）年には、史上初の日本、中国、韓国の天台宗徒による報恩法要が比叡山で行われている。そして比叡山宗教サミット開催から十年が経過した一九九七（平成九）年には、再び「比叡山宗教サミット十周年記念　世界宗教者平和の祈りの集い」が開催された。

比叡山宗教サミット開催当時、世界平和の最大の障壁とされていた東西の冷戦はすでに終結していたが、それに代わって差別・人権や暴力、抑圧に絡む民族問題や部族紛争、また環境問題、貧困や飢餓と連動する食料・人口問題などが平和を阻む大きな問題となっていた。その時に採択された比叡山メッセージは「平和のために祈ることは、平和のために働くことである。それは、平和のための自己犠牲と奉仕に徹することに外ならない」と高々に謳われたのである。釈尊が教えられた戒律の第一は「汝、殺すなかれ」であり、改めてその意味の重さを、最近の至るところで見られる生命をまったく軽視する言動に対し痛感させられ、憂国の思いさえ感ずる昨今である。

そして平成十九年八月に「比叡山宗教サミット二十周年記念　世界宗教者祈りの集い」が開催されたことは、まだ記憶に新しい[20]。

先述のとおり、私事になるが、平成三（一九九一）年五月十一日（土）～十二日（日）の二日間にわたり、比叡山を舞台にして、四十二歳の時、大乗院住職で明王堂輪番をされていた丹野覚道（一九五四年山形市生まれ）氏を先達とした明王堂が主催する「三塔巡拝」の回峰行体験学習をした経験がある。周知の如く、丹野覚道氏は、師僧の姓をとって別名光永覚道とも称する。平成二（一九九〇）年に千日回峰行満行を無事果たし、北嶺大行満大阿闍梨となられた、最も厳しいとされる千日回峰行の荒行である難行苦行を見事に達成した希有の三十八歳の若き行者である。回峰行の根本道場として知られた明王堂近くの法曼院にわれわれ一行は集まり、かって親鸞上人も若き頃御堂で寝泊まり修業した、旧跡地に建つ大乗院宿坊に一夜泊まっての体験学習であった。真夜中十二時に起きて、軽食のお握りを二個頂き、行道中の休暇に食するお握りと水筒に、個人個人が番茶を入れリュックに詰めて、持ち運んでの山林歩行禅をひたすら無言で行じた。一時に巡拝を始め、行者道を歩き、山内の御堂や祠等の巡拝所（本来の回峰行は東塔・西塔・横川の三塔に、東塔に東谷・西谷・南谷・北谷・無動等の五谷、西塔に東谷・南谷・北谷・南尾谷・北尾谷の五谷、横川に般若谷・番芳谷・解脱谷・兜率谷《とそつだに》・飯室谷の六谷あり、合わせて十六谷で、その三塔十六谷をめぐるお参りに巡拝した修行が回峰行である）をめぐって朝の七〜八時頃に最初に出発した明王堂に帰堂する行であった。そのときに手にしたばかりの案内状を読み、実に心踊った思いがある。ここにその案内文をそのまま掲載し、参考に供しておこう。

謹啓　時下　益々御清祥の段大慶至極に存じ上げます。

さて、この度『三塔巡拝』を一年間の中止を超えて再開いたす運びと相成りました。そもそも、回峰行の行法は歩くことにありますが、その本意は「歩行禅」と言われ比叡山三塔十六谷の諸仏諸菩薩を巡拝しつつ、心中は禅定に入らねばなりません。天台教学の奥義を記した『摩訶止観《まかしかん》』のなかに「念々歩々唱々」という言葉がございますが、これこそまさに回峰行の神髄を述べたものでございます。つまり、心に仏を念じ、ひたすら歩き、口に慈救咒《じくしゅ》（不動明王の御真言）を唱えることを言うのです。また、これを「身口意の三業」と称して全ての行に通じて、これを整えることが要求されるのでございます。このお話を阿闍梨様にお伺いいたしまして、今更のように三塔巡拝とは健脚を競うものではないことを再認識いたしました次第でございます。在家信者の身にあってこれらを実践することは不可能なことのように思われますが、三塔巡拝に参加させていただく以上、身口意の三業が調整できるよう努力いたしたいものでございます。御参加の皆々様には三塔巡拝の趣旨を御汲み取りいただき時間を厳守し、左記のスケジュールが速やかに執行できますようご協力お願い申し上げます。また、回峰行という浄行の一端にふれさせていただくのでございますから身勝手な行動は慎み、指導者の指揮に従うよう併せてお願い申し上げます。私語は厳重にお慎み下さい。

五月十一日（土）

午後四時半　法曼院に御参集の事（受付をお済ませ下さい）

五　時　護摩供（参加者全員参拝）

六　時　夕食

七　時　消灯就寝の事

五月十二日（日）

午前零　時　起床

零時半　法曼院にて軽食

一　時　明王堂御宝前出発

七時半　帰堂

雨具、懐中電灯などの随身物は各自御持参の事（貸し出しはいたしておりませんのであしからずご了承くださいﾞ）服装は軽便かつ行動しやすいものとし、派手なものはお慎み下さい。
まずは、取り急ぎ右ご案内まで

合　掌

平成三年五月吉祥日

明王堂三塔巡拝係

ところで、現代の日本、将来の日本は希望のない時代だと憂いて世を去ったある思想家、文学者の言葉に思いを馳せながら、天才宗教者空海の思想と信仰の深さを私は今さらのように思う。迷走する現代日本社会の中で密かな密教ブームが進行している。そうした中、何か人生の目標、生き甲斐感、要するに真実を求めて止まぬ人々に、深い宗教体験を内に秘蔵した空海の著作そして真言密教に関する著作の数々が、人間の心の不安、悩みのあらゆる問題に根源的に答えてくれている。言い換えると、不安と焦燥感に明け暮れる激動する現代の日本社会にあって、燦然《さんぜん》と輝き照らし進むべき確かな指標を示す、空海の説いた光明不滅の思想と信仰がある限り心配はいらない。その日本の真言密教のすばらしさ、東洋の宗教文化の精華である密教の教えを、世界の中の宗教と位置付けして、簡単にまとめてみた。

むすび

「神・人間・自然」の関係について考察してみると、ヨーロッパの文化には、精神と身体とを別々のものと考える伝統が存在した。たとえば、古代ギリシアのプラトン主義の考えでは、肉体と魂とを分け、魂を肉体より上位に置く。デカルト（一五九六～一六五〇）の物心二元論も、突如としてヨーロッパの思想界の中で生み出されたものではない。その思想的な基盤は、古くから人々の中で大なり小なり継承されてきたと見てよいであろう。そしてデカルトの合理主義思想はマールブランシュやオランダの神秘思想哲学者スピノザ（一六三二～一六七七）〔彼はデカルトの合理哲学を研究し、幾何学的方法による一元論の哲学を樹立した。神に対する知的愛を倫理の極致として「神に酔える人」といわれる〕に継承され、十七世紀後半のヨーロッパ大陸をほぼ支配した。これは近世の機械的自然観の基礎をなし、自然学・人間学・倫理学などの神学からの分離独立が、ここに始まったといわれる。このような態度は、疑いえないこと――デカルトはいっさいの知識への疑いから出発する懐疑的方法によって、最も確実判明なものを求め、自分が疑っているという事実は疑えないとして、精神の存在を認め「我思う、故に我あり（コギト・エルゴ・スム）」という命題に到達した――から始めて、一切の知識を合理的に導こうとする普遍数学であるとしている。また近代の自然探求の出発点ともなった。ベーコン（一五六一～一六二六）〔彼は旧来の偏見や独断――偶像 idola を排して、観察と実験に基づく帰納法を用いて真の知識を発見すべきことを主張した。こうしてイギリスの伝統となる経験主義の祖となった」と共に〈近代哲学の祖〉といわれる。

自然現象を必然的な因果性によって説明しようとする立場は、ギリシアではデモクリトス、エピクロス、近世ではデカルト、ラ・メトリ、ドルバックらがこの系列に属している。そこで生理学のハーヴイ（一六二八〜？）の血液循環論は人間の神秘性に対する一つの攻撃となり、それを直ちに受け継いだデカルト以来、人間の機構を機械の類似物として説明する試みが盛んになった。そうしたハーヴイの血液循環論の生命現象に対する適用は、生物学における機械論と生気論、機械論と全体論との対立を生む結果となる。

言い換えると、自然界が、時計細工のように、各構成要素の必然的な変化・運動に従って運行すると見なす機械論は、一方において、必然的な変化・運動を支配する法則の存在を確信させ、またその発見を奨励するという形で、近代科学の発展と展開に大きな影響力を持った。また他方、生命や人間の神秘性を取り除き、生命現象を自然科学的に究明しようとする志向に対しても最大の動機を提供したが、第一原因へ遡行できないという弱点のゆえに、限界を置かれることも多いのである。(21)

中世以来、被造物一般の原型《イデア》を神の精神内容とする考え方がある。デカルトはそれを、㈠本有観念——心だけに依存し、真実、不変の本質を持つ、㈡外来観念——感覚的印象によってできる観念、㈢私自身によってつくられた観念（空想の産物）に分けた。だが、この㈠を否定するか肯定するかはデカルトからライプニッツに至る大陸合理論と、ロックに代表されるイギリス経験論との重要な論争点となった。

すなわちロックは認識の限界を知ろうとするにあたって、まず悟性（理性）が思考の対象とする観念の起源をさぐり、一切の観念は白紙の心に「外来的」に与えられるとした。その窓口は「感覚」と「反省」であり、悟性はここで与えられた単純観念を素材とし、組み合わせて複合観念を任意につくりあげるとした。そして単純観念を第一性質――物質そのものの中にその原型がある、第二性質――その物体に原型がなく、われわれの感覚の内にある、の二つに分けたのである。

観念の原型は、物の中にはまったくないとして第一性質を否定したのが、同じくイギリスの哲学者であり、聖職に志し、アメリカ原住民にキリスト教を広めるためバミューダ島に学校設立を図った経験を持つバークリー（一六八五～一七五三）である。その思想はデカルト、ロックらの影響を受け、経験の立場から、物が存在するとは知覚されているにすぎないとして、主観的観念論であったが、実在として神や知覚の主体である精神を捨て去ることができなかった。

一方、ヒューム（一七一一～一七七六）は経験科学的方法を人間に適用して、人間本性を地上的人間の経験的思惟において基礎付け、物にも心にも観念の原型を置かず、観念とは「印象」の淡い影であるとした。すなわち、経験論の立場に立つヒュームによると、人間の心に現れるすべての知覚は、印象と観念とに分けられる。その違いは、それらが人間の心に働きかけるときの強さの違いによる。印象は心に勢いよく、激しく入り込む知覚で、見たり感じたり、憎んだりする心の生き生きとした状態をいう。これに対して、観念とは記憶や思考や推論によって再現されたおだやかな心の状態である。両者の違いは、感ずることと思考することとの違いである。しかし、観念は印象から生じたものである。それゆえ印象と観念は、単純なものと複雑なものとの区分にほかならない。複雑な観念といえども、その根源は印象にある。したがってすべては経験から生じたものである。[22] そうした延長の上に、観念はすべて感覚とその変容であるとする考え方に至り、ラ・メトリ（一七〇九～一七五一）、ディドロ（一六八九～一七五五）に至って、ようやく観念が感覚によって検証されるという唯物論的傾向が明確になってくるのである。[23]

ここで特に問題となるのは先にも挙げたフランスの啓蒙思想家の唯物論者ラ・メトリの考え方である。彼は一七四七年、『人間機械論』と題する革命的ともいえる本を著わし、デカルトの動物機械論を人間にまでおし広げ、人間も非常に複雑であるがやはり機械だとした。そして無神論を唱え霊魂不滅を否定した。しかし一方では、心身問題ともからんで、精神現象を機械的に説明する可・不可が論じられた。とはいえ人間の精神活動は、物質としての肉体の一部であるメカニズム化された脳の働きだとする西欧現代医学の立場も、このような思想の上に成り立っている。

ユダヤ教・キリスト教・イスラム教などは、欧米から中近東の人々の精神的な依りどころである。その一神教の世界観では、唯一にして全知全能絶対なる神が人間ならびに動植物をはじめとする被造物や自然を創造したとする。しかも神と人間および自然界との間には、超えることのできない明確な一線が存在する。それは人間が物質としての自然界を支配し、操作管理することが神によって許されている。つまり生殺与奪の権利を握っているのである。人間が神を信じ生きるのであれば、動植物の生命を奪うことは罪とはならない。そのように神・人間・自然との間には、はっきりとした境界があり、序列化されている訳なのだ。人間は霊と肉となる存在だが、死によって霊は生ける人と死せる人が分けられ裁かれ、ある者は天国に行けるが、行けない者は地獄にて報いを受ける。キリスト教の原罪思想から、万人は生まれながらにして原罪を負っているのである。

パウロは「ローマ人への手紙」の中で「わたしの肉の内には、善なるものが宿っていないことを、わたしは知っている。なぜなら善をしようとする意志は、自分にはあるが、それをする力がないからである」（第七章十八～十九節）とか「わたしの肢体に存在する罪の法則の中に、わたしをとりこにしているのを見る。わたしは、なんというみじめな人間なのだろう。だれが、この死のからだから、わたしを救ってくれるだろうか。……このようにして、わたし自身は、心では神の律法に仕えているが、肉では罪の律法に仕えているのである」（同二十三～二十五節）と語る。さらに長文が次のように続く。

肉に従う者は肉のことを思い、霊に従う者は霊のことを思うからである。肉の思いは死であるが、霊の思いはいのちと平安とである。なぜなら、肉の思いは神に敵するからである。すなわち、それは神の律法に従わず、否、従い得ないのである。また、肉にある者は、神を喜ばせることができない。しかし、神の御霊《みたま》があなたがたの肉に宿っているなら、あなたがたは肉におるのではなく、霊におるのである。もし、キリストの霊を持たない人がいるなら、その人はキリストのものではない。もし、キリストがあなたの内におられるなら、からだは罪のゆえに死んでも、霊は義のゆえに生きているのである。もし、イエスを死人の中からよみがえらせたかたの御霊が、あなたがたの内に宿っているなら、キリスト・イエスを死人の中からよみがえらせたかたは、あなたがたの内に宿っている御霊によって、あなたがたの死ぬべきからだをも、生かしてくださるであろう。……もし、肉に従って生きるなら、あなたがたは死ぬ外ないからである。しかし、霊によってからだの働きを殺すなら、あなたがたは生きるであろう。（第八章四〜十三節）

以上、肉体は善なるものが宿ってなく、肉の内にいる間は罪人であり死ぬほかはなく、霊の世界に生き、父と子と聖霊を信じ生きるなら死ぬべき身体をも生かす、とするキリスト教（パウロの解釈）の信仰世界が存在する。したがって、キリスト教の立場に立てば、死後、人間の肉体に対して、彼等が執着を抱くことはありえないことが分かる。その証拠に死者の葬式ミサの時、彼らは死者の入った柩に参集者一同が背を向け、祭壇に向かって一心に祈っている光景はそのことを如実に無言の内に語っているように思える。つまり死者は物としか見られていないのである。それに対し仏教思想を根底に持つ日本人にとって、身体は仮にその生命を失ったとしても、心あるいは霊の宿る依り代と考えられてきた。そこには決定的な大きな考え方の相違点が窺える。遺体を粗末に取り扱ったり、侮辱したりすると、必ず何らかの形で怨霊の祟りがあると恐れられた。その反面、遺体を丁重に供養するなら、人々に幸運がもたらされるとも一般に広く信じられてきた。古代から近世にかけて、これに類する仏教説話や物語が数え切れぬくらいに実に多く、書物や口伝えの形で民間に伝承されてきている。テレビ報道を見たり聞いたり、また新聞ニュースを読んだりして気付くように、すでに生命を喪失した遺体や遺骨その他所持品等を収集するのに、如何に日本人が異常なまでに執念を見せるかは、このような長年の精神文化の伝統の上に根差した日本人独特の遺体観によるところが大きい。

確かに一方では、死者を不浄と見て忌み嫌うことも歴史的に事実であり、『古事記』におけるイザナギが妻イザナミの死体を確かめに黄泉の地下の暗国に訪ねて行った所が、変わり果てた醜い姿で蛆《うじ》がたかっているのを目にして、急いで生者の地上の国にほうほうの体《てい》で逃げ帰って来た物語がある。中世鎌倉期においても死および身体の不浄観が書物や文献資料に散見される。それが現代に至っても日本人の意識の中に生き続いていることは明らかな事実である。

しかし他方では、まったく逆なことが物語られている。すなわち『古事記』では、イザナミの子のカグツチノカミの死体から、多くの神々が次々に誕生した。また食物の神オホゲツヒメは、自分の身体のあらゆる場所から、いろいろな食物を取り出していた。それが不潔だと嫌われ殺されたのだが、その後にも死体の各所から、動物や植物を相次いで生み出したと伝えられている。日本の古代神話の世界では、死体もまた生気を保ち、独自の生産活動をしたことが窺える。古代の日本人は、人が死んでも肉体から魂が分離して単なる物体と化するとは考えていなかった。

すなわち、元に戻って「神・人間・自然」という三者の関係からいえば、西欧文化に比べ、東洋の文化ではそれぞれが独立はしていても、本質部分においては一つだという立場に立つ。古代インドでは梵我一如の考えは、バラモン教やヒンドゥー教の思想と信仰に大きな影響を与えてきた。日本の古来の民俗信仰においては、山川草木をはじめ、森羅万象のあらゆる場所に、神が宿り霊魂が宿ると考えてきた。神と人間と自然が、それぞれ独立した別個の存在ではなく、本来が一体のものとして捉えているといえよう。生者と死者、現世と後世の国は、相互に交流交通のある一続きの世界として理解されていた。したがって死者の魂・霊魂は人間世界から完全に超越した天国に住まうのではなく、現世にあるこの世のどこかに、具体的な形を持った里山に帰って行き、また季節が来たら降りて訪ねて生者と再会すると信じられてきた。

すなわち仏教が日本に伝えられるまで、古代の信仰は古神道《こしんとう》によるものであった。それは人が亡くなれば、その魂は近くの山に行くと信じられていた。要するに山とはただの山ではなく、山は神様や先祖霊が住むところであるとともに、死者の魂が必ず行くところと信じられてきた、いわば信仰の山であった。そして人の魂は、山で次に生まれ変わる時を待っているとされた。それが仏教という外来の宗教が伝来したことによって「地獄・極楽」の存在が知らされることになり、変わっていったのである。したがって、神道とは八百万《やおよろず》の神々と祖先を信仰する宗教だといえるのである。これが仏教以前の古代日本人の土着的考え方、信仰であったと理解できよう。

翻って、ここで空海の思想・信仰に焦点を絞って「物」と「心」の一体観に関し考察してみたい。身と心、物質と精神、これら二元的な原理の一元的な把握において、空海はインド哲学ヴェーダ以来の伝統的な教説を踏まえ、新たにそれを六大説をもって理論構成する。すなわち一切万象を構成する万有の本体（宇宙の主体）である根本要素を、地・水・火・風・空・識大の六大であることを主張し、全宇宙にあまねく満ち一塵一毛にも具わり、あらゆる存在はこの六種から作られるとした。この六大は、要するに従来の仏教説の真如・法性・一心法界というような抽象的概念で極めて消極的なものではなく、積極的にして具体的実在であるとした。大日如来はこの六大所生の仏陀であるから、具体的実在の仏陀であり、色形を有し、常に活動していると捉えた。そしてこの大日如来のほかに宇宙の本体はないという宗教的・絶対的・人格実在説を主張したのが、空海の本体観である。他の仏教諸派の縁起説に見ることのできない独創的見解といえる。つまり物として心でないものはなく、心として物でないものはなく、また仏を成ずる六大がそのまま地獄の六大であるとし、この本来的の六大が因縁によってあらゆる存在や事象になるというのである。

六大とは地・水・火・風・空の物質的な原理である五大に精神原理としての識大を加えたものである。四大説・五大説等は古代ギリシア哲学や古代インドのバラモン教や仏教でも説かれる。しかし物心の二元を統合した六大説が提唱されたのは、日本においてが最初であり、空海がその創始者である。

空海は『即身成仏義』において、仏と人間などの生物（衆生）と自然界の三種世間は、ことごとく六大より成ると説いている。したがって凡夫といえども本来的には仏にほかならず、現実の肉身のこの身このままが即成仏することができるという。即身成仏の理論の原点がここにある。またさらに、動物・植物・鉱物・森羅万象ことごとくを含めた山河大地、山川草木の自然界までもが、本来的には仏、人間と異ならず成仏の対象になると見るところに空海の思想というか宗教的宇宙観の独創性を認めない訳にはいかないのである。密教以外の日本の仏教諸派では四大などを生命を持たない存在と見なすが、密教においては六大を如来の象徴であり、仏と衆生と自然とが本来平等であって、悟れば三者が同時に成道して大日如来と一体になっていて、要するに宇宙的な生命と一体となり生き通しの存在と見なすのである。それを密教では護摩法を修し、真言を唱え、印を結び、数々の経文を式次第に則して唱え、祈禱・加持を修する。まさに全身全霊を投也しての実修実験の行である。そうした体験によって感得された思想であり、私はそこにこそ宇宙真理が生きたかたちで語られていると確信するのである。最近、私は「密教」の持つ力の偉大さに気付き始めている。弘法大師の真言密教は、死後の世界のみを考えるような宗教ではない。宇宙のすべての生命を謳歌し、太陽の如く、どこまでも明るく生き生きとした生命のほとばしり出る宗教である。二十一世紀の人類と人類の世界を救う偉大なる「生命の宗教」が真言密教である。真言密教が世界的に混迷を続ける世情にあって、世界的に脚光を浴びてきているのは全世界どこにおいても通用する世界性を持った思想であり、科学技術に偏重した現代の出口のない袋小路から抜け出し、活路を見いだす「生命の宗教」だからである。(24)

皆様に密教というすばらしい宗教を知ってもらい、科学的次元をさらに超えて、二十一世紀の人類の世界を救う偉大なる「生命の宗教」であるという認識理解に至り着き、心の平安を得られることをご祈念申し上げたい。最後に密教に長年たずさわってこられたお二方の著書から、それぞれ引挙し、ひとまず筆を置くこととする。

私は、これまでの七十三年間にわたります自分の人生のうちおよそ五十年間を、弘法大師のお導きにより生かされてれまいりました。

五十年間と一口に申しますけれども、この長いみちのりを、いまふりかえってみますと、私自身の生活は、ふつうの方々の常識からは考えられないような、不思議なことばかりでした。

そのことにつきましては、本書でくわしくお話申しあげますけれども、みなさまもご承知のように、現代は科学万能の時代です。

ですから、「霊」とか「霊界」とか申しましても、「そんなバカな話があるものか」と思われる方が多いことでしょう。そう思われましても、仕方のないことだと思います。

「霊」というものは、一般のひとたちには、なかなかわからないものだからです。実際に自分で体験してみないかぎり、わかっていただくのは、容易なことではありません。

けれども、私の体験から申し上げまして、たとえみなさんの目にみえなくても、また耳に聞こえなくても、霊の世界は実在しているのです。そのことを信じていただきたくて、つたない筆をとりました。……そのおかげで、私は不思議な霊能力をさずかり、弘法大師のお告げをいただき、そのお告げによりまして、たくさんの方々を悩みからお救いしてまいりました。信仰は、やさしいようでむずかしく、むずかしいようでやさしいものです。

本書をお読みいただき、弘法大師の霊がお見せになる数々の奇跡をご理解いただき、大師の広大な慈悲の御心の一端なりともおわかりいただけましたら、私にとりまして、これ以上の喜びはありません。[25]（浅野妙恵著『霊界の秘密』潮文社、昭和五十九年）

次に私が取り挙げたい人は、昭和五十五年に高野山真言宗前管長および総本山金剛峯寺第四百六世座主に就任された高僧・森寛紹氏である。氏は明治三十二年、「虚空尽き、衆生尽き、涅槃尽きなば、吾が願も尽きん」[26]との誓願を発せられた弘法大師空海がご入定された日と同じ五月三十一日（旧暦三月二十一日）、愛媛県の片田舎の温泉郡重信町手淵に生まれた。その後、十二歳で高野山にいた叔父のもとに弟子入りして以来、実に七十有余年の歳月を弘法大師のお膝元で仏道修業に励み、連綿と続く高野山の法燈を護持してこられた真言密教僧である。昭和五十九年には五十年に一度という弘法大師御入定壱千百五十年御遠忌《ごおんき》大法会《だいほうえ》の晴れ舞台で、開百法会《かいびゃくほうえ》、結願法会《けちがんほうえ》の導師を務められた宗門最高位の職責を果たされた方である。ここに参考までに引用しておこう。

偶然の現象といってしまえばそれまでですが、私は魂の世界を信じます。不可解ですが、この存在を否定することはできません。霊魂は不滅であるといいますが、人間の肉体は滅びて形はなくなっても、心は無限の世界の中に魂としてつらなっているのではないかと思います。無限の世界とは、未来ということもできます。私たちは過去世があるから現世もあり、未来があるのです。三世を通じての心の世界、魂の交流というものがあるように思います。(27)（森寛紹著『感謝のこころ―いかに生き、いかに死ぬか―』講談社、平成三年）

注

(1) 弘法大師空海全集編輯委員会編『弘法大師空海全集』（第六巻）筑摩書房、二〇〇四年、八一九頁。
(2) 同右、七二四頁。
(3) 同右、六七七～六八八頁。
(4) 同右、六八七頁。
(5) 金子大栄編『原典校註　真宗聖典』（全）法蔵館、一九七九年、一〇一四頁。
(6) 森毅・池口恵観『真剣な対話』紫翠会出版、一九九六年、七八～七九頁。
(7) 同右、八〇～八五頁。
(8) 同右　八五頁。

（9）同右　九四頁。
（10）弘法大師空海全集編輯委員会編『弘法大師空海全集』（第三巻）筑摩書房、二〇〇四年、二二三～二二六頁。
（11）『真剣な対話』一九～二〇頁。
（12）福田亮成編『真言宗小事典』法蔵館、二〇〇〇年、一二四～一二五頁。
（13）佐伯泉澄『真言密教の霊魂観』朱鷺書房、二〇〇四年、二〇二～二〇五頁。
（14）池口恵観・明石散人『日本「宗教鑑定」―密教の秘密を解く』徳間書房、一九九九年、二一七～二一九頁。
（15）同右、二二二～二二五頁。
（16）弘法大師空海全集編輯委員会編『弘法大師空海全集』（第二巻）筑摩書房、二〇〇二年、二四四頁。
（17）同右、二四五～二四六頁。
（18）同右、二四〇頁。
（19）池口恵観『真言密教の秘密―行と加持力』朱鷺書房、一九九三年、一〇七～一〇八頁。
（20）植田恵秀『おおらかに生きる―仏とともに』白馬社、二〇〇七年、一三五～一四四頁。
（21）山崎正一・市川浩編『現代哲学事典』（講談社現代新書）講談社、一九七〇年、一六五頁。
（22）小牧治編『倫理学』北樹出版、一九八七年、六八頁。
（23）『現代哲学辞典』一五六～一五七頁。
（24）阿部野竜正『生かせ　いのち』朱鷺書房、一九八〇年、一九五～二〇二頁。
（25）浅野妙恵『霊界の秘書』潮文社、一九八四年、三～六頁。
（26）『弘法大師空海全集』（第六巻）二〇〇四年、五三九頁。
（27）森寛紹『感謝のこころ―いかに生き、いかに死ぬか―』講談社、一九九一年、一七六頁～一七七頁。

参考文献

弘法大師空海全集編輯委員会編『弘法大師空海全集』（第二・三・六巻）二〇〇二年、平成十六年。

金子大栄編『原典校註　真宗聖典』（全）法蔵館、一九七九年。

森毅・池口恵観『真剣な対話』紫翠会出版、一九九六年。

福田亮編『真言宗小辞典』法蔵館、二〇〇〇年。

佐伯泉澄『真言密教の霊魂観』朱鷺書房、二〇〇四年。

池口恵観・明石散人『日本「宗教」鑑定―密教の秘密を解く』徳間書房、一九九九年。

池口恵観『真言密教の神秘―行と加持力』朱鷺書房、一九九三年。

池口恵観『生命の旅―弘法大師『秘蔵宝鑰』を読む』朱鷺書房、一九九六年。

池口恵観『阿字』リヨン社、二〇〇四年。

池口恵観『もっともっと良くなる強くなれる』ｋｋロングセラーズ、二〇〇五年。

池口恵観・浜口泰介『生かされて生きる真理』リヨン社、二〇〇五年。

植田恵秀『おおおらかに生きる―仏とともに』白馬社、二〇〇七年。

山崎正一・市川浩編『現代哲学事典』講談社、一九七〇年。

小牧治編『倫理学』北樹出版、一九八七年。

浅野妙恵『霊界の秘密』潮文社、一九八四年。

森寛紹『感謝のこころ―いかに生き、いかに死ぬか―』講談社、一九九一年。

阿部野竜『生かせ　いのち』朱鷺書房、一九八〇年。

松永有慶『生命の探求―密教のライフサイエンス―』法蔵館、一九九四年。

加藤精一『空海入門』大蔵出版、一九九九年。

梅原猛『日本人の魂—あの世を観る』光文社、一九九二年。

光永覚道『千日回峰行』春秋社、一九九八年。

光永覚道『回峰行 いま人はどう生きたらよいか』春秋社、一九九八年。

清沢満之著、藤田正勝訳「第三章 霊魂論」『現代語訳 宗教哲学骸骨』法蔵館、二〇〇二年。

神戸和麿『清沢満之の生と死』法蔵館、二〇〇〇年。

竹島平兵衛『不生不滅の道徳』龍汀荘、一九九八年。

新谷尚紀・関沢まゆみ編『民俗小事典 死と葬送』吉川弘文館、二〇〇五年。

瓜生中『「生死」と仏教—名僧の生涯に学ぶ「生きる意味」—』佼成出版社、二〇〇七年。

佐藤三千雄『生老病死の哲学』本願寺出版社、二〇〇六年。

水野弘元『仏教要語の基礎知識』春秋社、一九七二年。

小池長之『人の死後の話—日本人の来世観—』学芸図書、一九七二年。

アリストテレス著、中畑正志訳『魂について』京都大学学術出版会、二〇〇一年。

利根川裕『日本人の死にかた——〝白き旅〟への幻想』PHP研究所、一九八一年。

原義雄・石原尚・関正勝『死』（生命科学とキリスト教3）日本基督教団出版局、一九八八年。

三遊亭円朝『牡丹燈籠』（岩波文庫）岩波書店、一九八九年。

池田弥三郎『日本の幽霊』中央公論社、一九七一年。

八木透・その他『見えない世界の覗き方—文化としての怪異—』法蔵館、二〇〇六年。

田中貢太郎『日本の怪談』河出書房新社、一九八五年。

岡部金治郎『死後の世界』第三文明社、一九八二年。

ジェ・エス・エム・ワード原著、浅野和三郎訳『死後の世界』心霊科学研究会、一九六五年。

ウィリアム・クルックス卿著、森島三郎訳『心霊現象の研究』（心霊科学の世界的古典）たま出版、一九八〇年。

小田秀人『四次元の不思議』潮文社、一九七一年。

レイチェル・カーソン著、青樹梁一訳『沈黙の春―生と死の妙薬―』新潮社、一九八六年。

杉本捷雄『千利休とその周辺』淡交社、一九七〇年。

桑田忠親『千利休』札幌青磁社、一九四六年。

盛永宗興『命のかがやき』東方出版、一九九五年。

岡田武彦『東洋の道』（岡田武彦全集14）明徳出版社、二〇〇六年。

大峯顕『宗教の授業』法蔵館、二〇〇五年。

■著者紹介

新保　哲　（しんぽ　さとる）

1948年　新潟県生まれ
中央大学大学院文学研究科哲学専攻博士課程修了
現在　文化女子大学教授
学　　位：博士（文学）筑波大学
研究分野：日本思想史
主著：『世界のなかの宗教』晃洋書房、1999年
『仏教福祉のこころ』法蔵館、2005年
（第25回　日本文芸大賞・学術文芸賞）
『鎌倉期念仏思想の研究』永田文昌堂、2008年

日本人の生死観—日本文化の根源を求めて—

2009年3月15日　初版第1刷発行

■著　　者——新保　哲
■発 行 者——佐藤　守
■発 行 所——株式会社 **大学教育出版**
〒700-0953　岡山市西市855-4
電話（086）244-1268　FAX（086）246-0294
■印刷製本——モリモト印刷㈱
■装　　丁——ティーボーンデザイン事務所

ISBN978－4－88730－893－0